抢占
社交红利

Social
Dividends

周 浩◎著

北京理工大学出版社
BEIJING INSTITUTE OF TECHNOLOGY PRESS

图书在版编目（CIP）数据

抢占社交红利 / 周浩著. —北京：北京理工大学出版社，2015.8
ISBN 978 - 7 - 5682 - 0747 - 8

Ⅰ.①抢…　Ⅱ.①周…　Ⅲ.①心理交往－通俗读物　Ⅳ.①C912.1–49

中国版本图书馆CIP数据核字（2015）第 134260 号

出版发行 / 北京理工大学出版社有限责任公司
社　　址 / 北京市海淀区中关村南大街 5 号
邮　　编 / 100081
电　　话 / （010）68914775（总编室）
　　　　　（010）82562903（教材售后服务热线）
　　　　　（010）68948351（其他图书服务热线）
网　　址 / http：//www.bitpress.com.cn
经　　销 / 全国各地新华书店
印　　刷 / 北京泽宇印刷有限公司
开　　本 / 710 毫米 × 1000 毫米　1/16
印　　张 / 12.75　　　　　　　　　　　　　责任编辑 / 刘　娟
字　　数 / 120 千字　　　　　　　　　　　　文案编辑 / 刘　娟
版　　次 / 2015 年 8 月第 1 版　2015 年 8 月第 1 次印刷　责任校对 / 周瑞红
定　　价 / 39.80 元　　　　　　　　　　　　责任印制 / 李志强

前　言

　　微博、微信等社交网络现已成为人们必备的社交工具，人们在工作、生活中广泛使用微博、微信，参与社交活动，维护客户关系，增进好友之间的感情。如企业举办促销活动，可立即在微博上公布活动信息，把活动信息发送给自己的微信用户，从而促使活动举办成功。用户吃到色香味俱全的美食，也不忘到微信上发些照片，总能获得"吃货"好友们的积极点赞；热爱旅行的用户，旅途中看到优美的风景，拍张照立即分享给自己的好友；用户在网上低价淘到心仪已久的衣服，开心地告诉自己的微信好友……工作、生活中，无处不需要社交，社交网络的蓬勃发展，极大地满足了人们的社交需求，同时创造了无限商机，一个前所未有的红利时代盛大开启。

　　社交红利是一块诱人的大蛋糕，大多数社交网络资源是免费的，企业和创业人士利用社交网络资源，可以获得海量浏览、庞大的用户群，可以获得高速的发展速度，可以降低获取用户的成本，可以增强用户的黏着留存，等等。只要企业、创业者在社交网络中深耕细作，便可从社交网络中获得丰厚的红利。

那些洞察商机、敏捷的商家，积极利用社交网络，开通了企业官方微博、企业微信公众号，积极发布有趣的信息、与用户互动，还举办各种各样的社交活动，从而以极低的成本获得了用户、品牌、流量等社交红利。以此为契机，社交红利时代受到了更多企业、创业者的青睐，他们积极地在社交网络上与用户互动，为自己的企业积累了用户，并用有趣的有奖活动吸引用户关注自己的企业、产品，从而发展自己的社交关系链，让自己的企业成了社交网络中用户讨论的对象，让自己的企业在社交网络中获得了一席之地，为企业在社交红利时代飞跃发展打下了坚实的基础。

许多企业、创业团队利用社交网络一举成功，获得了丰厚的社交红利。小米科技通过论坛、微博等社交网络，坚持不懈地与用户互动，得到了米粉的支持，以惊人的发展速度取得了举世瞩目的成就。社交网络的开放性、社交性，令不断创新的企业、应用，拥有了"弯道超车"的机会。开放的用户、流量资源，让企业、创业团队获得了无限商机与创业机会。"美丽说"的创始人徐易容、"蘑菇街"的创始人陈琪、趣玩网的创始人周品等，都积极利用丰富的社交资源，快速步入了成功的创业人士之列。

"啪啪"利用社交网络资源，经过短暂的半年就获得了千万个用户，把很多竞争对手都远远地甩在了后面，以超强的竞争力成了无数创业者效法的楷模。

企业要想获得持续发展，创业者要想获得成功，就必须积极地融入社交网络的浪潮中，以崭新的姿态拥抱社交红利时代，顺势而为，如此才有机会获得社交红利时代的丰厚回报。

著　者

2015年2月20日

目 录

第一章　前所未有的社交红利时代

　　微信、微博等新的社交媒体，正在改变着人们的生活方式，人们在就餐的时候，吃到美味可口的饭菜，拍照分享到微博、微信，立即就会招来"馋嘴"的用户、朋友的询问；外出旅游的时候，看到美丽的风景，随手拍下，发布在微博、微信上，马上就会获得用户、朋友的点赞。微信、微博等新的社交媒体，正在改变着人们的工作方式，业务员可以在任何时间、任何地点来向自己微信、微博上的用户、朋友推广自己的产品和活动，传播速度快、效果好。个人、企业的社交关系不断沉淀，就会积累数量庞大的粉丝群，形成一呼百应的影响力，实现免费的推广而获得意想不到的商业财富。于是，人们无不感叹：一个全新的时代来了，一个前所未有的社交红利时代来了。

第二章　全民社交时代企业面临的困境

在全民社交时代，企业必须与社交网络接轨。在社交网络中，尽管存在诱人的社交红利，但是获取它并非易事。企业在获取社交红利的过程中常常会面临社交平台艰难抉择、获取用户、信息传递、社交困局等困境。能否突破这些困境，直接影响着企业能否在全民社交时代获利。

第三章　社交红利时代，这么玩才能赢

商家无不想在社交红利时代挖掘到金矿。社交红利，需要商家长时间不间断地积累，才会显示出来。其中，商家只要掌握六大策略——粉丝经济、长尾经济、精品战略、关系同盟、兴趣共享、全民参与，就能帮自己快速赢取社交红利，成为社交红利时代的大赢家。

第四章　社交红利时代必不可少的三个要素

企业、创业人士要想在社交红利时代打一个漂亮的胜仗，需要掌握信息、关系链、互动这三个必不可少的要素。那些依靠微博大咖、微信大号获取社交红利的人士，他们都重视这三个要素，并努力实现信息在关系链中的流动，从而为自己导入了流量、用户红利。

第五章　用好信息，就能凝聚人气

在社交网络中，一个账号的粉丝数量与粉丝互动次数和人气成正比，那些人气高的企业账号、名人账号，持续地生产好信息，往往能汇聚数量庞大的用户，凝聚超高的人气。许多微博大号、微信大号用成功的营销案例告诉我们：用好信息，就能汇聚人气。

第六章　打造超强关系链，塑造营销闭环

　　企业、创业者一定要学会打造超强的关系链，学会不遗余力地建设自己的关系链，更要学会利用关系链传递价值。企业、创业者在建设自己的关系链的过程中，不能忽视每个账号背后的力量，要想方设法让自己成为全民意见领袖，从而影响更多的用户，聚拢更多的忠诚粉丝。企业、创业者一旦拥有数量庞大的忠实粉丝，就形成了超强的关系链，就完成了营销闭环的塑造，就能避免用户流失，也就能获得源源不断的社交红利。

第七章　互动，让社交更具魅力

　　互动能够增加用户之间的信任，激励用户不断创造内容，放大信息的作用，加快信息的流动速度，扩大信息的流动范围，让信息产生前所未有的影响力，从而让企业名利双收。

　　因此，互动在很多企业、创业人士眼中就会更具魅力。

结　语

第一章
前所未有的社交红利时代

微信、微博等新的社交媒体，正在改变着人们的生活方式，人们在就餐的时候，吃到美味可口的饭菜，拍照分享到微博、微信，立即就会招来"馋嘴"的用户、朋友的询问；外出旅游的时候，看到美丽的风景，随手拍下，发布在微博、微信上，马上就会获得用户、朋友的点赞。微信、微博等新的社交媒体，正在改变着人们的工作方式，业务员可以在任何时间、任何地点来向自己微信、微博上的用户、朋友推广自己的产品和活动，传播速度快、效果好。个人、企业的社交关系不断沉淀，就会积累数量庞大的粉丝群，形成一呼百应的影响力，实现免费的推广而获得意想不到的商业财富。于是，人们无不感叹：一个全新的时代来了，一个前所未有的社交红利时代来了。

微信、微博、微时代，社交随时随地在发生

　　移动互联网技术日臻成熟，智能手机越来越普及，微信、微博、SNS、QQ空间、论坛等社交媒体得到了前所未有的发展，人们打破了时空限制，可以随时随地参与社交活动。毫不夸张地说，微信、微博、微时代，社交随时随地在发生。

　　在移动互联网浪潮中，拥有一台中高端的智能手机，会助你一臂之力，让你的社交如鱼得水，给你的社交活动锦上添花，让你在

分分秒秒短暂空闲时间内参与社交活动。在旅途中，把随手拍摄的自然风光分享到微信上，立即获得好友的回复；在中午等候吃饭的时候，敲击几下键盘，与微博朋友互动，拉近彼此的关系；在度假的时候，吃到色香味俱全的美食，自娱自乐地拍一些照片上传到相册，立即招来好友的问询。在生活中，遇到棘手的事情，忙得焦头烂额，在微信上倾诉，就会得到好友的激励。在工作中，干出成绩，得到了上司的提拔，在微博上表达一下愉快的心情，立即会得到好友的祝福与鼓励。可见，微信、微博等社交媒体，让人们的社交变得简单便捷，只要你拥有智能手机，就可以随时随地参与社交。

移动互联网为用户随时随地参与社交创造了条件，用户可以无障碍地参与社交，从而促使社交媒体越来越火。与此同时，传统的媒体越来越衰落，杂志、广告、电视的收益逐年递减。2014年，很多知名的企业大幅缩减投在传统媒体上的广告费用，如海尔不再投放杂志广告，万达将减少50%的传统媒体广告费，等等。互联网思维正在瓦解传统的媒体，互联网社交媒体正在"蚕食"传统媒体的利益。社交媒体以其低廉的推广成本、快速的推广效果，让微利时代的企业获得了更大的利润空间，有机会分享社交红利。

众所周知，微博、微信是移动互联网浪潮中的重磅级社交媒体平台，是最受用户、企业欢迎的社交工具。微信、微博都具有媒体属性，也都具有社交属性。微博是开放性的社交平台，在微博上发布信息，所有的微博用户都能看到信息，信息传播的范围更加广泛；微信是基于熟人圈的社交工具，用户发布的信息，只有已加微信的好友才能看到。只要信息有趣、有内容，就会获得好友评论，促成活跃的互动。由于微信是即时交流工具，能够满足用户面对面的社交需求，所以更受用户欢迎。

那些非常重视社交需求的用户，当他们在微博、微信上发布信息的时候，都希望得到朋友、网友的互动，才会觉得有趣。如果他们发布的信息得不到互动，就难以判断他们的社交需求是否得到了满足。个人要想获得社交网络上人们的回应，就必须制造内容上佳的信息，如此才能吸引陌生人，获得陌生人的关注。不断优化自己的信息内容，就会把陌生人转化成自己的粉丝。脱口秀节目《罗辑思维》的创始人罗振宇，在微博上制造高质量的信息，不仅得到了很多微博用户的关注、互动，而且得到了许多知名企业家的评论，他迅速走红，提高了自己在微博上的知名度，从而让自己的知识获得了商业价值。

《罗辑思维》的创始人罗振宇，在该节目播出之前，曾经在微博上发布了名为"夜观天象"的长微博，该篇微博共有2 000字，吸引了很多用户互动、评论。在这篇微博中，罗振宇有许多精辟的语句。他说："试问韩寒、罗永浩的影响力大，还是《环球时报》、3·15晚会的影响力大？""中国一万种杂志，2 000家报社，300个电视台，你觉得还有几家媒体可以仅靠广告模式谋生？"等等。

他的微博发出之后，微博上许多媒体人、企业家、名人和意见领袖纷纷来关注、转发，此信息在微博社交媒体上迅速扩散。约一天的时间内，他的微博转发次数逼近1.2万次。

参与互动的名人有小米CEO雷军、SOHO中国总裁潘石屹、企业家李开复、优米网创始人王利芬、SOHO中国联席总裁张欣。其中，李开复的评论"当你周围的人越来越不喜欢看电视、报纸，当社交媒体占有更多的空闲时间，当社交媒体与传统媒体之间的距离不断扩大……一个新的时代已经到来"，被用户转发了1 700多次。

罗振宇的微博不仅获得了很高的关注度和上千次的转发，还获得了吸引眼球的爆料点。潘石屹在微博上说："本人愿意投资100美元，为了新时代的到来。"财经作家吴晓波在微博上评论："瞧这个罗胖子。给力！"

据悉，罗振宇的该条微博吸引网友评论的条数超过了2 000条，这些评论大多是正面的回应，也有很少的质疑评论，但完全找不到攻击谩骂的评论。

罗振宇在微博上编辑制作高质量的信息，吸引了微博上各种各样的用户评论、互动、转发；迅速提高了罗振宇的微博关注度；让他在社交媒体上快速获得了知名度，也获得了一些粉丝；短短的一天时间内，就成为雷军、潘石屹、张欣、李开复等知名企业家关注的对象。俗话说，站在巨人的肩膀上，你会飞得更高、更远。罗振宇巧用社交网络平台，让自己得以站在知名企业家的肩膀上，获得了较高的曝光率，为自己的创业实现了预热，进行了造势。于是，他创办的脱口秀节目《罗辑思维》在社交网络上一经推出便迅速获得了千万名用户的关注，而他能在无任何实际回报的情况下，募集到近千万元的会员费，这就是社交的力量。

许多互联网企业都擅长利用社交媒体、重视社交，有的获得了巨大的成就，有的在竞争中不断获胜。如淘品牌"七格格""三只松鼠""雕爷牛腩""泡否马佳佳"等，都通过社交获得了商业利益。

目前，打车软件市场很火爆，而"滴滴打车"是时下最红的打车软件。关于滴滴打车有句顺口溜——"四个小伙伴，三个用滴滴"。调查显示，在使用打车软件的用户中，有74.1%的用户使用"滴滴"。众所周知，中国打车软件市场中，"滴滴"的竞争者有"快的"、"易到用车"、Uber。目前只有阿里巴巴投资的"快的"能与"滴滴"抗衡。在调查过程中，有46%的用户表示用过"快的"打车软件，有85%的用户表示经常使用"滴滴"打车软件。关于使用频次方面，有29%的用户表示首次会选用"快的"，而首次会选用"滴滴"的用户高达70%。可见，"滴滴"的用户更多，而在互联网浪潮中，得用户者得天下。"滴滴打车"是如何俘获用户芳心的呢？两个字——"社交"。

"滴滴打车"经历两年多的发展，渐渐成长为打车软件市场中的领军，并占领了打车市场。在争夺市场的过程中，"滴滴打车"的一个成功法宝就是社交。社交让"滴滴打车"软件迅速夺得了更广阔的市场。

在移动互联网浪潮中，百度、阿里巴巴、腾讯（BAT）三大互联网巨头积极搭建自己的打车平台，打车软件市场持续升温。百度、阿里巴巴、腾讯在打车市场中展开了激战。阿里巴巴投资"快的"，腾讯投资"滴滴"，百度投资Uber。"滴滴"运气好，搭上了腾讯，并借助腾讯的优势"社交"，在竞争中占了上风。

在移动互联网浪潮中，用户有强烈的社交需求，而腾讯倾情打造的一款社交工具——微信，逐渐发展成为用户最爱的社交工具。目前，微信以其简单、便捷的特点，成为用户首选的社交工具。"滴滴打车"了解用户的社交需求，凭借微信平台，赢在了起跑线上，分享到了微信社交红利。同时，微信社交平台，为移动用户轻松支付创造了条件。微信通过"抢红包"活动，已经吸引众多用户把银行卡与微信支付绑定，从而使微信支付变得无限便捷。"滴滴打车"接入微信平台，让用户的支付变得比支付宝更加简单，毋庸置疑，这又为滴滴吸引了一部分微信用户。于是，滴滴在接入微信后获得了"漂亮"的业绩。接入首日，"滴滴"便通过微信支付获得了6 000个订单。此后，其每天的订单数量还在稳步上升。

最近一段时间，许多微信用户都碰到好友分享"滴滴打车"红包，然后小伙伴们蜂拥而上抢夺红包。滴滴还推出了很多其他的抢红包活动，如"范冰冰饰演武则天送你滴滴红包，今天坐好点儿""柳岩生日送百万滴滴红包，大家快来抢"，等等。这些抢红包活动调动了用户参与的热情，用户兴致勃勃地加入到抢红包的浪潮中，不仅获得了滴滴红包，更得到了社交的乐趣。滴滴抢红包的各种活动，满足了用户的社交需求，同时将用户牢牢"粘"在了"滴滴打车"上。

"滴滴打车"之所以能成为打车软件市场的"老大"，就在于它看到了社交的力量，重视社交，并幸运地获得了具有社交优势的腾讯的投资。之后，"滴滴"在用户最喜爱的社交平台微信上，开展了各种各样的社交活动，不仅把"滴滴"的品牌宣传了出去，更吸引了许多用户参与互动，从而获得了越来越多的忠实用户。这些用户力挺"滴滴"，让"滴滴"在打车软件市场的地位越来越稳固。简而言之，"滴滴打车"能够快速成长，微信强大的社交功能功不可没。

"滴滴"的成功除了缘于重视社交，还缘于重视服务质量。"滴滴打车"定位中高端，主打中高端商务用车。它的车辆都具有资质，它的驾驶员都经过层层选拔，并接受过专业的培训，服务更加周到，用户坐车更加安全。"滴滴打车"不断升级服务，不遗余力地为用户提供更美好的出行体验。优质服务与社交双管齐下，"滴滴"分享社交红利指日可待。

移动互联网技术与智能手机让用户的社交需求变得唾手可得。社交网络的发达，让普通人随时随地都可以参与到社交网络中，让信息的发布和传播获得了史无前例的速度，让信息产生了震惊世界的影响力，使用户随时随地社交变成了现实。

微信微博微时代，让社交变得便捷、高效，社交可以打破时空限制。在固定电话时代，我们只能在家里或电话亭里与亲人、朋友交流；在互联网时代，我们要想与家人视频聊天，只能守候在电脑面前；而进入移动互联网时代，人们可以在喝茶、等公交、在银行排队的时候，与家人、朋友、同事、客户交流互动，让自己与家人、朋友的关系更加密切，让自己与同事、客户的关系更加友好；曾经在科幻影片中出现过的可视电话，如今已经走入了寻常百姓之家，让普通人以低廉的成本实现了社交需求。

那些喜欢上社交媒体、擅长使用社交工具的个人和企业，在移动互联网中获得了许多惊喜。许多有志之士加入到了互联网创业大军之中，并充分利用社交工具。微信、微博等社交网络媒体为他们带来了商机，让他们获得了创业的"第一桶金"，让他们在微信微博微时代随时随地社交，分享到了社交红利。他们在自己的碎片化时间内，运用微博、微信等社交工具，触摸几下屏幕，便可发布产品的信息、表达自己的心情、回复用户，从而宣传自己的企业形象、推广自己的产品，并且很快在社交网络中获得用户的评论、互动，从而快速、低成本地提高自己和企业的知名度。总而言之，微信微博微时代，社交无处不在，只要你能游刃有余地"玩转"社交工具，就能迅速提高个人的知名度，为企业造势。

用户主权时代到来，人人都是自媒体

如今社交工具越来越丰富，国内有QQ空间、QQ群、论坛、开心网、人人网、微博、微信等，国外有影响力的是Facebook、Twitter等。在社交网络上，用户发布信息、评论、互动，都能提升个人的影响力。

智能手机的普及，使得全民都能参与社交网络，人人都看微博、聊微信，并在社交网络中获得了更多的主动权。他们在社交网络中"报道"身边发生的趣事要闻、发表自己的看法、表达自己的心情、关注好友动态、参与信息评论和转发，在社交网络中积累了一定数量的粉丝，并拥有媒体一般的影响力。他们能生产信息、发布信息，俨然一个"新闻官"，而且常常能获得社交圈内好友的关注甚至互动；他们具有一呼百应的影响力，于是他们有了一个时尚的名字——"自媒体"。业内人士大声地说："社交网络中，人人都是自媒体。"他们最大的诉求是自主意识，他们需要什么，就会表达出来；他们遇到喜欢的东西，就会由衷地赞美；他们遇到无良的商家时，如果选择退货，算商家的运气好，但退货很烦琐——在这个快节奏的时代，浪费时间就是浪费金钱——于是大多时候他们会毫不客气地指出产品质量如何低劣，这样，他们一条图文并茂的差评，会影响到多少用户，"商家，你懂的"。反之，商家服务周到，严把产品质量关，就会得到用户的好评，一条好评，可以为商家吸引多少买家？难以计数。社交网络发达，加之用户主体性意识增强，使得用户被商家坑蒙拐骗后，绝不会选择忍气吞声，他们会在各个社交网络上"倾诉"自己的遭遇，并渴求互动。于是商家的负面信息，短时间内就会在所有社交媒体上传得沸沸扬扬。这就是用户主体性意识增强所带来的媒体影响力。于是，那些有远见的商家都不敢再小瞧用户了，都意识到了"用户主权时代到来，人人都是自媒体"。

社交网络技术的发达，促使用户积极参与社交活动，在与企业、网络红人互动的过程中，用户的主体性意识越来越强，个人的话语权越来越大。比如，买家到淘宝买了一件衣服，结果发现衣服开缝，很不开心，如果选择退货，还得自己叫快递、垫付运费，在大多数用户看来这是花钱买麻烦。与其烦琐换货，漫长等待，不如触摸几下屏幕发条差评更解气、更有意义。在移动互联网浪潮中，商家如果给用户制造麻烦，用户就会让你的失误、错误一夜之间在社交网络中炸开锅。

如今，用户的主体性意识越来越强，他们在社交媒体上独立地生产信息、传播信息，具备了媒体的属性。传统的媒体从生产信息到传播信息，需要几个人甚至数十个人的默契配合才能完成，发布信息的成本高。自媒体出现后，一个人就能完成信息的生产、传播，不仅信息传播快，而且成本低。企业选择自媒体宣传企业形象、推广产品的费用也降低了，于是自媒体逐渐成为企业钟爱的媒体，自媒体的商业价值也有望实现。

信息的生产、信息的传播，自媒体早已完成。像《罗辑思维》的创始人罗振宇创建了自媒体，完成了自媒体的信息生产、信息传播，并试验了自媒体的商业价值。《罗辑思维》这个自媒体被估值一亿元，随即成为互联网的热门话题。

脱口秀节目《罗辑思维》一周一期，每期仅20分钟，每个星期五在优酷上播出。罗振宇通过独特的表达风格、丰富的知识、深刻的认识，让此节目在众多网络节目中脱颖而出，吸引了许多用户，观看节目的用户仅用六个字评论该节目——"有种、有料、有趣"，字字珠玑。喜欢该节目的用户会把此节目分享到自己的微博、微信朋友圈，而未看该节目的用户也会主动到网上搜索该节目。在该节目蹿红的同时，罗振宇的知名度也开始火速提升。与此同时，罗振宇创办了《罗辑思维》的微信衍生品，开了一档微信语音节目，在《罗辑思维》的微信公众账号上，录制了60秒的微信语音，每天早上六点准时播出，用户在蹲马桶的时候看此信息，开心之余，可以分享给自己的好友。于是，罗振宇把该节目更广泛地传播了出去，在互联网中的名气与日俱增。罗振宇积极与用户互动，获得了良好的交流效果，培养起一批忠实的粉丝，其自媒体影响力达到了极致。但与此同时，《罗辑思维》的用户增加也遇到了困难。

据悉，《罗辑思维》在优酷上的播放量保持在130万次。为了推动《罗辑思维》的发展，罗振宇大胆地试验自媒体的商业价值，发起了"史上最无理的两次付费会员招募"活动。第一次招募5 500名会员，其中铁杆会员500名，会员费1 200元；普通会员5 000名，会员费200元。两者的有效期都是两年。结果六小时内，会员就招募满了，获得了160万元的真金白银。罗振宇招募会员的理由是"喜欢他，就给他钱"，这一观念被很多人嫉妒、鄙视。时隔四个月，罗振宇"厚着脸皮"，用同样的理由，再次招募会员，结果一天就招募满了会员，轻松进账800万元，招募到4 000多名铁杆会员。于是，《罗辑思维》和罗振宇红遍互联网，创造了"一个自媒体品牌估值一个亿"的商业奇迹。

罗振宇与他的《罗辑思维》迈出了商业化的第一步。他有了一定的收益——会员心甘情愿的"供养"就是他的一笔稳定收益。他在安心享受会员的"爱的供养"的同时，还寻找其他收益，为会员创造福利。罗振宇的微信公众账号在两三万名会员的支持下，有了一呼百应的影响力，有了超强的宣传效果，于是开始得到一些企业的青睐——

《罗辑思维》这个自媒体品牌先后与乐视、黄太吉等企业合作。《罗辑思维》与乐视合作，乐视出手大方，送给《罗辑思维》10台大电视、20台电视盒子。《罗辑思维》与黄太吉合作，获得了黄太吉送出的10份煎饼果子，等等。很多企业送了一次，还求着再送一次——真是"太阳打西边出来"，自古以来商家唯利是图，如今却耍起了阔绰，为什么？原来商家看到了《罗辑思维》这个自媒体的影响力。企业送出去的是产品，收获的是企业的知名度，以吸引更多用户来使用他们的产品。

黄太吉与《罗辑思维》这个自媒体合作，获得了其他媒体难以企及的效果。第一，《罗辑思维》视频、微信语音的用户数量都超过了百万名，只要罗振宇在《罗辑思维》视频、微信语音中提到黄太吉的煎饼果子，就会立即被100万名以上的用户浏览，使黄太吉获得了曝光渠道，增加了其产品的曝光度。第二，罗振宇在《罗辑思维》中提到黄太吉，就好比孙红雷在《男人帮》中提到京东，罗振宇相当于给黄太吉做形象代言人，罗振宇信赖的产品，会影响到《罗辑思维》的会员和用户，进而使其信任该产品。黄太吉由此获得了"人格背书"。第三，黄太吉送自己的产品给《罗辑思维》，相当于赞助一个知识节目，具有公益性质，可获得用户的好感和尊敬。第四，只有《罗辑思维》的会员才能获得黄太吉送出的产品，让用户感觉黄太吉的产品很稀缺、很抢手。

罗振宇破天荒地开创了自媒体的会员制先河，积极探索自媒体的商业价值，尽管目前他还没有找到明确的商业模式，但是为后来者探索自媒体的商业价值积累了经验。

自媒体的发展，源自用户主体性意识的增强。换句话说，用户主体性意识的增强，让个人拥有了媒体的影响力，让个人的态度影响到了许多用户，让用户的喜好影响到了企业的决策。用户主权时代的到来，让人人有机会成为自媒体，人人都是自媒体。

小人物、大人物都可以成为自媒体。如果能长期针对某一事件表达自己的看法，楼管阿姨、扫街大妈也可以成为自媒体。大人物也在发挥着媒体的影响力，苹果前任CEO乔布斯、小米CEO雷军、锤子科技CEO罗永浩、魅族CEO黄章、SOHO中国董事长潘石屹等，都在互联网上为自己的产品摇旗呐喊，积极与用户在社交网络上互动，他们已然成为自媒体，为自己的企业和产品代言。他们一在社交网络中发表言论，便立即有人回应，并且很火，不知不觉中就把自己的企业和产品宣传出去了。

潘石屹是微博上的名人，他在微博上受关注的程度很高。他认识很多做媒体的朋友，但是谁也赚不了他的广告费，因为他就是自己的企业——SOHO中国的媒体。他不用为自己的企业花广告费。

他开博客、玩微博、拍电影、上微信，成为企业界和互联网界的明星。他在微博上活跃地发布信息、互动、评论，形成了影响力。只要他在微博上发信息，立即就会被关注、评论。他的微博账号就是一个强大的自媒体。

乔布斯去世的那一天，潘石屹在微博上点评乔布斯：乔布斯应

该生产1 000元人民币以内的苹果手机。有用户立即回应："'一潘'，请潘石屹制造每平方米1 000元的楼盘。"潘石屹沉默了一些日子，竟然在微博上宣布制造"潘币"，立即吸引了许多眼球。他不仅说说而已，还真的印了些"潘币"，走哪儿送哪儿。潘石屹对"潘币"如此上心，玄机都在"潘币"上。原来，"潘币"正面是潘石屹的头像，附有文字"一潘""SOHO地产中国银行"；背面是SOHO望京楼盘。

潘石屹在微博上发布的一系列"潘币"信息，表面上是回应用户，实际上另有目的。潘石屹发布"潘币"的相关信息不仅让他化解了一次公关危机，而且为他自己的望京楼盘做了一次免费的、声势浩大的推广。潘石屹就是一个自媒体，就是SOHO中国的媒体，难怪连专业自媒体罗振宇都说，自己认识潘石屹好多年，却赚不到潘石屹的广告费。

在移动互联网浪潮中经营自媒体，有几个技巧：第一，塑造人格魅力，有独特的标签，因为有人格才有温度。第二，愿意付出时间成本，心急吃不了热豆腐。第三，卖的不是广告，而是服务，早打广告早死。第四，做服务，而不是做销售；忘记销售，真心为用户服务。第五，有宁缺毋滥的姿态，重视质量胜过数量。第六，内容大于形式。第七，寻求目标用户，方可把流量、用户转换成现金。第八，走出单平台局限，走向全网平台，打通线上线下。比如，微博上的名人，不应满足于只做微博上的红人，还应该到微信、QQ空间、论坛、SNS等社交媒体上发布信息，吸引用户，培养自己的铁杆粉丝。那些互联网上的名人往往不只使用一种社交工具，而是同时使用多种社交工具。掌握这些技巧，有助于你快速成长为知名的自媒体，挖掘到更多的商机。

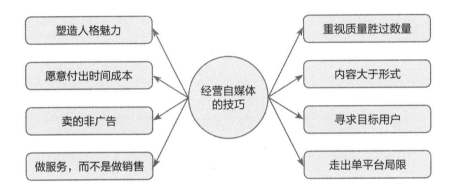

用户主权时代的到来，让个人获得"一石激起千层浪"的影响力和一呼百应的领袖魅力。只要用户制造有内容、有创意的信息，就会在社交网络中产生巨大的影响力。可以很客观地说，用户主权时代的到来，意味着人人都是新闻官、人人都是记者、人人都是自媒体。

信息交互加速，企业发展需分秒必争

智能手机的普及让用户以秒、分的速度发布信息、浏览信息、转发信息。只要你经常访问微博、微信、QQ空间等社交媒体，就会深深感受到信息交互正在加速，你的社交好友的信息丰富、数量巨大，让你目不暇接。只要你愿意，你也可以以秒为单位在社交网络中发布信息、评论信息、回复信息。与此同时，移动互联网浪潮中的每一位创业者、每一位企业领导、每一位团队成员，都知道要快——快速出方案、快速设计、快速开发、快速上线、快速迭代。跑得越快，抢得的肉就越多；跑得慢的不仅抢不到肉，恐怕连根骨头都抢不到。企业要想生存，要想有利可图，要想快速成长，就要避免做"赔了夫人又折兵"的事，就要争分夺秒地加速发展。

随着信息交互加速，成功的企业都在争分夺秒地发展，在竞争异常激烈的手机行业，这种现象随处可见。手机企业家，必须快速地发展自己的企业。昔日的手机巨星诺基亚、摩托罗拉，它们的手机质量顶呱呱，却被原本生产电脑的美国苹果公司制造的苹果手机颠覆了。诺基亚、摩托罗拉的衰落，是因为跟不上互联网、移动互联网的步伐，但就因为慢了一拍，它们便再也赶不上了。诺基亚、摩托罗拉的倒下，归根结底，是因为不了解用户的需求，不懂与用户互动，从而导致产品更新换代太慢，结果丢了经营数年的手机市场这块大蛋糕。手机企业要做大，就要随时与用户交流，及时解决问题，不断优化手机产品，带给用户极致的体验，如此才能得到用户的拥戴，在手机市场中站稳脚跟，否则"连骨头也啃不着"。

小米手机深谙互联网、移动互联网"快"的要求，并做到了，从而在手机市场中抢到了"肥美的肉"。众所周知，小米与MIUI形影相随。MIUI是小米与米粉互动的阵地，小米最大的成功得益于与MIUI论坛用户互动，从而了解到了用户的需求，不断改进产品、更新MIUI系统。MIUI第一个版本发布的时候，仅有100位用户，这些用户都是MIUI团队费了九牛二虎之力，从第三方论坛拉过来的……没有任何流量交换，小米没有破费一分钱广告费，全凭用户的口口相传缔造口碑。在MIUI发布一周年的时候，MIUI用户数量已增加到50万名。

MIUI在发展的过程中遵循一个"快"字。MIUI系统的更新周期，最能体现小米的"快速迭代"思维。

MIUI系统，是小米团队基于原生安卓深度定制的一个操作系统。MIUI系统，兼容安卓的所有应用和游戏。MIUI每周更新一次的更新速度，深受用户的拥戴。目前，MIUI基于原生安卓系统已进行超过100项的改进。有超过130万名发烧友参与每周的改进和测试。MIUI每周更新的时候都会在论坛上发布公告和更新日记，以便让用户快速感知其新功能和新性能。

MIUI共有三个版本：体验版、开发版和稳定版。体验版更新频率是每天一次，但是外部用户无权使用。它主要是为了解决产品问题，那些崩溃问题、ANR问题在体验版中可以被发现并得到解决。开发版，则是针对发烧友而推出的一个版本。开发版更新频率是每周一次，并在论坛上发布，发烧友可以选择主动刷机到开发版。开发版是为了收集反馈和建议，从而优化产品，也是对稳定版做稳定性测试。开发版中不允许出现崩溃、死机等重大问题。发烧友在使用此版本的过程中，通过操作会反馈出很多问题，提供很多有价值的建议，从而有助于工程师解决掉更多问题。截至2014年9月18日，小米开发版的用户约有400万名。稳定版的更新频率是每1~2个月一次，用户购买到的手机都是稳定版的。稳定版要求界面标准，操作流畅。

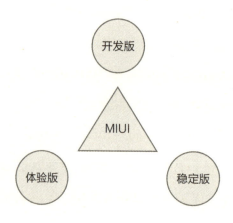

MIUI无论是开发版还是体验版、稳定版，它们的更新速度在业内都是数一数二的，无不体现出小米争分夺秒求发展的精神。MIUI产品快速迭代，工程师哪里来的这么多灵感呢？用户在论坛上反馈问题、提出建议，是工程师灵感的源泉——工程师分析问题，提炼用户的需求，解决问题，才使得MIUI能以每周一次的速度更新，让小米的产品越来越完美，造就了"小米"商业奇迹。

如果小米不争分夺秒地发展，就会被虎视眈眈的锤子、魅族、中兴等竞争对手抢走苦心经营的手机市场。

MIUI系统以每周更新一次的速度，带给了用户极致的体验，赢得了用户的好评，他们口口相传，为小米吸引了更多米粉。MIUI的上百万用户，为小米创造了无限商机，于是小米的产品一经发售，立即被用户抢购一空，从而促使小米获得了飞速发展，超过了OPPO、酷派等国产手机，成为国内手机市场中的后起之秀。

小米成功的一个重要原因就是：小米团队会玩社交，重视与用户交流互动，并建立了小米自己的社交阵地MIUI。他们提倡全民"泡"论坛，无论是研发人员、工程师还是测试员，都需要"泡"论坛，与用户互动。此外，他们还在线下举办小沙龙，与用户零距离互动、沟通。在MIUI论坛上，小米工程师可以与用户零距离交流、互动，通过用户的反馈来获得用户需求信息，从而优化产品，最后实现产品高速迭代。MIUI的高速更新，为小米的产品聚集了更多用户，让小米的产品在网站上得到了极大的曝光，提升了小米企业的知名度。如今，MIUI论坛是国内最活跃的手机论坛，不仅拥有数量庞大的用户，而且每天产生的信息量巨大——每天约有25万条的发帖量。这些海量的信息，正是MIUI高速更新的灵感源泉，推动了小米的飞速发展。

信息交互加速，给电商企业带来了无限商机。用户敲击几下键盘，就能发布一条有关产品或企业服务的信息，这些信息影响着商家和其他买家。正面的信息，能帮助商家吸引潜在的买家，而负面的信息，区区几条便足以让商家生意惨淡。信息交互加速，也让许多企业产生了前所未有的紧迫感，促使其加快速度发展，甚至争分夺秒地发展。

身处信息交互加速的互联网环境中，企业家一定要有"快"的理念，这样才能分享到市场的蛋糕，获得财富。如在特卖行业，各家电商都做得不温不火，有的甚至倒闭，而有一家电商却逆袭而上，它就是唯品会。

如今唯品会已经成为特卖电商的老大，尽管它并不是第一个做特卖的电商。唯品会之所以能在众多特卖电商的竞争中攻城略地，抢到更大的市场，就在于它的创始人沈亚拥有"快"的理念，深懂"抢占先机"的意义。

唯品会在发展初期也遇到过用户不买账的情况，他们主打奢侈品牌，而奢侈品牌的服装价格大多在千元以上，中国的消费者难以接受，于是唯品会的订单数少得可怜，一度仅是个位数。面对惨淡的生意，沈亚和他的团队立即着手找问题，并调整了产品方向，由原来主打奢侈品牌立即调整为主打中高档大众时尚品牌，奢侈品牌只作为唯品会的一个频道，业务也减少到5%以下。沈亚和他的团队舍弃了一线顶级品牌，锁定国内用户更熟悉、更钟爱的二三线名牌，如耐克、阿迪达斯、卡西欧等。调整之后，唯品会的订单数量直线上升，交易额翻了好几番。

唯品会是第一个采用"名牌正品"＋"低价折扣"＋"限时抢购"方式的企业。唯品会在起步上就比竞争对手快，它是第一个做奢侈品品牌的深度折扣、限时打折生意的。而且唯品会的进货渠道，可确保产品为正品。唯品会的创始人之一洪晓波表示，他们只从两个渠道进货：一是品牌商；二是代理商。这两个渠道拿货不存在水货、A货、外贸货等。唯品会的名牌产品往往具有深度折扣，低至1~2折。例如，一件欧时力女装，商场里卖200元，在唯品会只要60元。深度折扣确实吸引了许多时尚人士。唯品会的衣服不仅每天上新品，而且新品都打折。唯品会上新品的速度快、种类多，但是它的积压库存量很少。它的产品库存周期只有七八天，这意味着库存产品更新快。唯品会注重快速销售，推出限时抢购模式，每个品牌限时销售3~5天就下架。于是，唯品会上的品牌商不到一个月就可以拿到货款，而且唯品会会提前向品牌商抵押30%的货款。而在传统的商城，品牌商想拿到货款，最快也要在3个月以后，而且商城要收取巨额进场费并扣取一定比例的销售提成。

当年，唯品会的创始人沈亚和其团队发现一线奢侈品订单少得可怜时，便立即找问题，通过线上线下的社交渠道了解到：一线奢侈品千元以上的价格超出了中国人的消费能力，国内大部分用户熟悉、喜欢二三线品牌，诸如阿迪达斯、耐克之类。于是他们立即调整企业的方向，并开始主打大众喜欢的二三线品牌，以一线的奢侈品牌为辅。如此一来，销售业绩翻番儿，实现了企业的高速发展。唯品会上新品的速度快，每天有新品，每天都能给用户带来新鲜感。唯品会的新品打折快，一上线就打折；而大多数品牌在新品刚上架的时候不打折，过一两个月才有折扣。于是唯品会更受用户青睐。唯品会注重快速销售，通过限时抢购，每七八天仓库的产品就会更新一次——降低了库存成本，相当于获得了利润。限时抢购、快速更新仓库的产品不仅减少了库房的租金，还实现了资金迅速回笼——唯品会的品牌商往往不到一个月就能收回货款，这吸引了很多主动合作的品牌商，丰富了唯品会的产品，促进了唯品会的发展。

唯品会成立仅三年就成功上市，上市两年，其股价从最初的6.5美元飙升至160美元，被誉为"第一妖股"。今天的唯品会名副其实地成为限时特卖电商的龙头，而且成为中国的四大上市公司之一。截止到2014年5月，唯品会的财务显示其连续六个季度持续盈利，成为各大电商纷纷效仿的楷模。

如今，互联网浪潮、互联网金融浪潮都得到了突飞猛进的发展，智能手机让用户便捷地参与社交网络活动，用户发布信息，评论、转发、点赞更加频繁，加速了信息的交互。与此同时，企业的产品信息在互联网中可以很容易被找到，影响着潜在用户的购买意愿。企业争分夺秒地与用户交流产品信息，就能快速了解产品存在的问题，而只要敢于快速试错，就可以快速找到正确的方向，快速优化产品、提升产品的性能，获得用户的好评。在用户好口碑的宣传下，企业就会在行业中名声大震，获得飞速的发展。因此，有远见的企业家都由衷地感慨说，信息交互加速的今天，企业要发展就必须争分夺秒。

新技术引发新模式，新模式衍生新时代

　　互联网出现之前，人们的社交范围很小，往往局限在亲戚、朋友、街坊邻居之间，社交方式主要是面对面交流、捎口信。到后来通信变得发达，在电话出现后，人们守在电话跟前与亲人、朋友、同学等交流，拉近了关系。手机出现后，人们则可以在任何时间、任何地点与亲人、朋友进行语音交流。

　　互联网出现之后，人们的社交方式中又增加了QQ、邮箱、QQ群等，而且QQ的视频聊天功能，逐渐成为年轻一族的主要社交方式。3G、4G移动通信技术的发展，智能手机的普及，宣布人类进入了移动互联网时代，人们的社交模式也得到了发展。社交媒体网站和技术越来越发达，尤其是微博、微信等社交平台得到了突飞猛进的发展，逐渐成为企业和个人社交的首选。人们可以随时随地在这些社交媒体上满足自己的社交需求，这昭示着人类进入了一个全新的社交时代。

移动新技术、智能手机技术，共同引发了新的社交模式，即让人们的社交无处不在。而这种新的社交模式，正在改变着人们的生活方式、企业的经营模式，无论是个人还是企业家，莫不感叹：这是一个社交的天下，谁能熟练掌握这些社交工具，谁就能赢在社交时代，在社交红利时代获利。

微信、微博等社交平台的推出，使得用户只要会玩社交工具，就有机会成为社交网络中的红人。而事实上，微信、微博等社交媒体，确实催生了一批社交网络红人。微博平台上的网络红人有三类：草根微博大号、认证加V用户、名人明星微博。

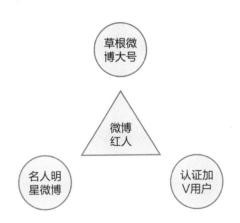

其中草根微博大号，粉丝数量大，传播力较强，经典的微博营销案例都是利用它的力量达成的。认证加V用户的粉丝数量要明显少于草根微博大号的。而名人明星微博，大多数成了圈内红人或意见领袖，他们中粉丝数量超过千万个的大有人在，如潘石屹，他的新浪微博的粉丝数量超过了1 705万个；郭敬明，他的新浪粉丝数量超过了3 581万个；陈坤新浪微博的粉丝数量超过了7 577万个。他们在微博社交平台上拥有一呼百应的影响力，在满足用户社交需求的同时，也获得了社交红利。

报道显示，新浪微博大号参与营销可获得收益。如微博大号参与企业话题转发，可以获得社交红利。而根据粉丝数量规模的大小，微博大号又可获得不同收益。微博大号单条微博转发报价：拥有70万个粉丝的大号，20元/条；拥有690万个粉丝的大号，50元/条。

可见，新浪微博大号，通过日积月累的活跃的社交，可以让自己在社交红利时代分享到社交红利。

微信被誉为移动互联网时代的"社交"神器，只要你拥有一部智能手机，申请一个微信账号，就可以在微信社交平台上自由自在地社交，随时向家人报平安，与朋友交流拉近距离，与陌生人交流结识新朋友。微信社交平台，满足你的社交需求，不断提升你的社交能力，还会让你获得粉丝。目前，微信大号具有巨大的商业价值，有机会分享到社交红利。

微信大号包括草根微信、名人微信、媒体微信、企业微信。这些微信号通过发布有趣、有内容的信息，活跃的互动、评论，吸引了许多微信朋友的关注，从而成为微信社交平台上的活跃分子。这些草根、名人、媒体、企业在微信社交平台上活跃互动，获得了无限商机。

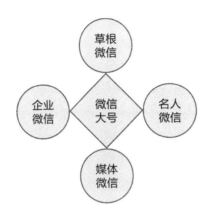

业内人士表示，人人都能从微信社交平台上分享到红利。有一组来自艾瑞网的数据，就充分说明了这一认识。

艾瑞网专栏作家程小水申请了一个旅游类微信号，属于草根微信，点击率不低。此账号有一组数据：在以个人计算机为终端的互联网上，其点击率的转化率最高达到过0.5%，销售转换率最高达到过1.5‰，而微信社交平台上的微信账号的点击率和转化率（按销售额付费，是以实际销售产品数量来换算广告刊登金额。即每成功一笔订单，网站主便可获得一定佣金）都不低，其中点击率最高达到过11.5%，这样的数据给微信社交平台上的创业者带来了意想不到的商机。

可见，微信社交平台上蕴藏着商业财富，但是，用户需要申请一个微信账号，并精心经营自己的微信账号，才有可能获得。就比如双色球彩票，一等奖可获得500万元奖金，人人都有机会，但前提是你必须买彩票，那个500万元的"馅饼"才有可能砸到你头上。经营自己的账号的目的是吸引更多关注，培养更多的粉丝。通过发布有趣、有内容的信息吸引用户关注；通过关注名人的微信账号，来增加关注；通过评论他人的信息，吸引他人来关注自己的账号。总之，要在微信平台中活跃地、持续地参与社交，才有可能吸引到更多的粉丝。当你通过坚持不懈地参与社交，获得了成千上万的粉丝时，你的微信账号就具有了商业价值。

一定要重视你的每一位用户，当你的微信账号还没有出名的时候，你一定要有耐心，愿意付出时间，与你的用户一对一地互动，好拉近彼此的距离。一对一与用户互动很简单，却又很重要。你与用户互动，既不需要约定时间，也不需要约定地点，微信社交媒体的即时交流功能，让你随时随地都可以与用户进行交流，分秒间便可以发送一条信息。只要用户关注你，你在分秒之内就可以收到用户的互动信息，让彼此的了解加深，让彼此的关系越来越近，甚至成为朋友。如果是企业微信，你更应该主动积极地询问用户的需求，一对一地解决用户的问题；解决完用户的问题，顺便可以问一下用户还有什么需求，并将自己的信息推送给用户。大多数用户会浏览你的信息，感兴趣的用户自然会咨询你。这样，你既可以培养粉丝，又可以明目张胆地推广企业，可谓一石二鸟。日积月累，你的粉丝就会由少变多，你的企业就会由无名小卒变得大名鼎鼎。越来越多的草根、名人明星、企业深深感到，在微信上与用户一对一互动，是一种非常简单、快捷的交流（社交）模式。

企业、名人等，要想成为微信平台上的社交红人，还不能忽视这样一种微信互动方式，即自动回复。自动回复，可以激发用户的好奇心。随着微信社交平台的火速蹿红，各大明星纷纷推出自己的微信公众平台（或微信公众号），比如明星杨幂一马当先地推出了自己的微信公众平台，以一段语音自动回复用户，吸引了数量庞大的粉丝。

一网友爆料，一次晚宴上，他的朋友喝多了，吹嘘道："杨幂是我女朋友。"大家大笑，都不信。他的朋友继续道："我现在在微信上呼叫一下杨幂，杨幂会立即回复我。"他的朋友给杨幂立即发了一条信息，出人意料，几秒后杨幂就回复了他，而且是一段时长6秒的语音。他的朋友触摸了一下手机屏，他的手机里立即传出杨幂娇滴滴的声音："好啦，好啦，我收到了，还有呢？还有呢？"大伙都惊呆了，对那哥们儿刮目相看。而熟悉微信公众平台的人都知道，这是微信自动回复，那哥们儿加了杨幂的微信公众账号，是杨幂的粉丝，不管对杨幂说什么，自动回复的都是那段语音。也就是说，那段时长6秒的语音是杨幂专门设置好，用来回复粉丝的。据说，仅借助这段时长6秒的语音，杨幂的微信公众平台就聚集了100万个粉丝。

杨幂主演电影《小时代》时，其凭借各种社交媒体与粉丝互动，并利用时下最火的社交媒体——微博、微信，聚集了大量粉丝，获得了超高人气。最后，杨幂主演的《小时代》创造了近5亿元的票房，她本人也获得了"新生代票房女王"的美誉。而《小时代2》的票房超过2亿元，曾领跑当周的票房榜。这些不能不说是得益于她利用微信、微博等社交媒体与粉丝进行的活跃互动。粉丝们大力支持该电影，积极买票观影，为该电影的票房做出了巨大的贡献。

众所周知，杨幂是人气女王，擅长在各种社交平台上与粉丝互动，并率先使用微信公众账号。她充分利用微信的自动回复功能，为自己聚集了上百万的粉丝，将自己的影视事业推上了成功之巅。

作为微信公众号，每天都有成百上千的信息需要回复，如果一一回复，既无法体现微信的即时特点，粉丝也感受不到自己被重视，久而久之，就会离开。于是微信为公众账号增加了自动回复的功能，可以随时随地回复网友，让粉丝在第一时间获得社交需求。自动回复的内容可以是文字、图片、语音。通过自动回复，你可以将你的粉丝牢牢"粘"在你的微信平台上，你的任何推广活动，他都会浏览，甚至热心地帮你转发，这样一来你的信息就能快速有效地推广出去。

个人企业注册微信号之后，一定要懂得"借势"，即借助已经走红的微信账号。业内人士表示，公众账号拥有不少于500个粉丝，才有影响力，才可能吸引到更多的粉丝。对于刚刚申请微信号的个人、企业来说，要想拥有这么多粉丝，可不是一件简单的事，不过也有一些窍门可用。你可以与粉丝过万的草根微信互粉（互相当对方的粉丝），关注草根微信，向草根微信推送信息（这样一来，草根微信的粉丝就能看到你的信息了）。但是要掌握频率，不能过于频繁，否则会引起反感，导致前功尽弃。

移动互联网技术的发达，智能手机突飞猛进的发展，使得用户只要手拿一台智能手机，就能利用微信、微博、QQ空间等流行社交媒体，随时随地参与社交互动，扩大自己的社交范围，打造自己的社交圈，培养数量庞大的粉丝，成为各大社交平台中的网络红人。此时，无论你是个人还是企业，都有机会分享到社交红利。

在微信、微博等新社交工具铺天盖地袭来之际，无论是个人还是企业家，都感受到了新社交媒体的感染力和社交的力量。新社交媒体让个人和企业的社交成本大大降低。于是，他们都希望借助新的社交模式，在社交时代挖掘到更多的金子。毫不夸张地说，社交时代人人都有机会获得红利，只要你擅长利用社交工具，你就有可能成就自己的一番事业。

总之，移动互联网技术的迅猛发展，促生了微信、微博等新的社交平台，改变了人们的社交模式，并使得人人有机会分享到社交红利，这意味着一个前所未有的社交红利时代的诞生。

第二章
全民社交时代企业面临的困境

在全民社交时代，企业必须与社交网络接轨。在社交网络中，尽管存在诱人的社交红利，但是获取它并非易事。企业在获取社交红利的过程中常常会面临社交平台艰难抉择、获取用户、信息传递、社交困局等困境。能否突破这些困境，直接影响着企业能否在全民社交时代获利。

艰难抉择：哪个平台才是最好的？

从早期的论坛、人人网、开心网、QQ群、QQ空间，到迅速崛起的微博、微信，社交平台越来越多。俗话说，瓜地挑瓜，挑得眼花。这么多的社交平台，给企业的推广宣传带来了方便，也给企业带来了新的困惑——艰难抉择。

企业之所以会在选择社交平台的时候举棋不定，关键是他们不了解每一种平台的特点，所以不知道哪个平台对于自己的发展而言是最好的。众所周知，选择很重要。选择，就是确定前进的方向，正确的选择能让你少走弯路，迅速达成目标，获得丰厚的社交红利。

要想选择到合适的社交平台，企业首先要了解目前比较流行的社交平台的特点。微博、微信毫无疑问是当今的主流社交平台，此外，人人网、QQ空间、论坛也是人们常常选用的社交平台。

微博是一个开放的分享平台。微博的传播力量很强大，能够实现裂变式的传播。比如，拥有1 000万个粉丝的李先生发布了一条信息，被拥有100万个粉丝的张先生分享了，还被拥有2 000万个粉丝的刘先生转发了，那么这条信息最后的关注度就会超过3 100万个。如果李先生的粉丝分享了该信息，而该粉丝的好友也看到并分享了该信息，那么该信息就会获得极快的传播速度，获得广泛的影响力。

业内人士研究发现，有三种企业适合采用微博平台营销：一是品牌企业。如果这些企业利用微博宣传新产品，会获得良好的效果。二是被比较多的名人和网络意见领袖关注的企业。如SOHO中国的CEO潘石屹，既是地产名人，又是微博名人、网络意见领袖，他在微博上宣传新产品，自然会得到很高的关注度。三是面向终端消费品的电子商务企业。如从事服装、食品、家电等的企业。所以，企业如果想实现大范围的宣传推广，采用微博营销是不错的选择。

当微信被众多的人当作时代的宠儿的时候，微博通过一次次的经典案例，吸引了无数用户的眼球。艾沃科技企业的新产品——净水机和空气净化机一直不温不火，为了提升产品的知名度，艾沃科技积极在微博上寻找机会。

艾沃科技积极关注千万级别的微博大咖"作业本"。经常玩微博的用户都知道，"作业本"的标签是"烧烤"。有一次，"作业本"发了一张烧烤图，并附有一句话："再加个空气净化机就完美了！"艾沃科技立即抓住机会，与"作业本"互动。艾沃科技说："所有人留名，我们一律原价四折起！"作业本说："有本事给所有人三折！"艾沃科技说："给您三折！"就这样，吸引了"作业本"千万粉丝的关注，从而把"艾沃科技"巧妙地植入"烧烤事件"当中，让更多的人了解到艾沃科技空气净化机。在整个"烧烤事件"中，含有"艾沃"内容的信息被转发了几万人次，相当于为艾沃科技做了一次免费的广告。艾沃科技相关负责人表示，自从与"作业本"微博互动之后，短短的三天时间，该条微博就获得了500多万人次的阅读量，艾沃科技的官方微博也"收获"了2 000多个粉丝。

微博能给企业带来不可估量的宣传效果。"烧烤事件"推广了艾沃科技的空气净化器，宣传了艾沃科技的品牌。微博的开放性、分享性，能够让企业的信息得到更广泛的推广。

人人网的主要特点是"相对开放"。人人网的开放性介于微博与微信之间。人人网的开放性大于微信，小于微博。人人网的私密性大于微博，小于微信。人人网，是具有共同兴趣的用户组成的圈子，大部分用户之间是同学关系和校友关系，是基于实名制半径的熟人社交。用户在人人网上可以发布状态、更新日志。互动频率不局限在像朋友圈那样的密友之间。在人人网上，以你为中心，朋友圈中的用户可以通过你来建立联系。比如你朋友圈中的两个用户甲和乙，甲邀请乙为好友，乙因为甲是你的朋友，就很信任地接受了甲的邀请，和甲在人人网社交平台上建立了好友关系。人人网平台上的用户之间具有较好的信任度，比较适合企业进行口碑营销。

微信则是熟人之间的社交平台，是一个比较私密的社交平台。微信朋友圈的互动，只有微信朋友圈的人才能看到，陌生人是看不到的。所以微信的特点，可以用两个关键词来概括，即"熟人""相对私密"。在微信朋友圈，大部分信息是关于用户自身动态情况的，信息的独创性吸引来很多好友的回复，所以在微信朋友圈中，用户与好友的互动很活跃。如果企业想获得活跃的互动，想获得精准的用户，就可以毫不犹豫地选择微信平台。

万达影院在发展的过程中，积极利用互联网的先进技术，优化自己的业务。在微信来袭的移动互联网浪潮中，万达影院积极利用微信的优点，想方设法地为用户提供贴心服务，在微信平台上为用

户提供便捷的票务服务，为自己吸引了许多目标用户。

　　万达影院微信公众号，为关注的用户提供便捷的票务服务。关注的用户可以及时获得待上映的影片信息，可以足不出户轻松搞定在线购买、在线选座、热映影片查询、评价分享等工作。该服务给用户带来了切身利益，让用户获得了良好的购票体验。

　　万达影院大力推广微信二维码。万达影院在每一张电影票上都加印了微信二维码，用户只要扫描该二维码，就能享受到微信便捷的票务服务，轻松解决选座、购票问题，从而使万达影院满足了目标用户的切身需求。万达影院为了吸引更多的电影爱好者，还推出了"关注微信　1分钱看电影（限场次）""关注微信即送爆米花"等活动，这种小优惠、小赠品，给万达影院带来了丰厚的用户红利，万达影院的微信渠道售票量平均8 000张/天。

　　微信平台更适合培养精准的用户，能够获得精准的流量，转化率远远超过微博、人人网等社交平台。

　　如今，社交网络"野蛮"生长，社交媒体如雨后春笋般出现，虽然有的社交平台在社交网络中昙花一现，但是它们都曾催生出过精彩的营销案例。各种社交媒体经历了互联网浪潮的洗牌，时至今日，微博、微信强势出击，攻城略地，获得了数量庞大的用户，成为用户首选的社交平台。那些先知先觉的企业利用微博、微信疯狂"布局"，以便在社交红利时代实现胜券在握。如果你还没有自己的微博、微信账号，那你就out了，就与社交红利无缘。赶快行动起来，深入了解社交平台的优点、缺点吧！如此便可选择最合适的社交平台，分享社交红利，一举破解平台抉择的难题！

获取用户：吸引用户有那么难吗？

企业要想在社交网络中如鱼得水，就必须吸引用户，培养自己的粉丝群。正所谓"巧妇难为无米之炊"，企业没有用户，就会在社交网络时代举步维艰。

在社交平台上，有一些企业时不时炫耀他们获得用户的数量，展现他们在短短的几小时、几天内获得的几万、几十万甚至几百万个用户，被正在探索"增加用户"的企业或团队奉为楷模。而有些小企业、小团队还在为几百、几千个用户的目标"浴血奋战"，真是冰火两重天。对于那些小企业和小团队来说，每增加一个用户都是在跨过一道很难跨过的坎儿。

企业在"获取用户"的环节上，也呈现出一种现象——难者不会，会者不难。那些掌握"获取用户"方法的企业，总能事半功倍地吸引来成千上万个用户。而那些用错方法、不懂"获取用户"方法的企业，则总是劳而无功，烧掉了大把银子也没能获取用户。

彩虹公交为了获取用户，就曾经推出过"加彩虹公交微信群领取红包"的活动。

2014年春节，彩虹公交在其微信公众号和微信群上策划了一个获取用户的活动——加彩虹公交微信群领取红包。该活动的规则很简单：只要用户分享微信群中指定的一篇文章，就可以加入彩虹公交微信群领取红包。活动期间，该活动为彩虹公交微信群吸引了1 000个用户，指定的文章被分享了800多次。彩虹公交为本次活动总共投入了1 000元资金。据此，获取一个用户的平均成本只有1元，相对于投入来说，获取用户的效果超出了预期。但是，这些用户领取完红包后，没过多久就陆续退群离去。

显然，这些用户是冲着红包而来的，没有利益就转身走人。这样的人就是我们常说的"刷奖党"。如果不能很好地转化，活动就不能为企业带来真正的用户。

获取用户是互联网企业发展的首要任务。纵观很多成功的互联网企业，在发展之初，莫不是通过"烧钱"、免费政策等吸引用户的。对于互联网企业来说，获取用户是最基本的目标，如果长期不能获得用户，网站就犹如行尸走肉，到时再怎么烧钱也难以起死回生。总之，互联网企业要获取用户，就需要付出一定的成本。

互联网企业要发展，获取用户是第一步。趣玩网的创始人周品深谙这一点。为了让网站获取用户，他策划过"用户注册有奖"活动。

注册有奖活动中，用户只要到趣玩网上进行注册，填写个人的地址、邮编等，就可以获得一次抽奖资格。中奖用户可获得趣玩网送出的奖品。

奖品是创意小物品，如镜子、灯、MM防狼器、小汽车、笔记本、手机链等。完成注册的用户，如果再去邀请自己的好友来趣玩网注册，就可以获得双倍的抽奖次数，每位用户有三次邀请朋友的资格。很多用户看到有创意的小物品，都跃跃欲试，想去试试自己的手气，于是充满期待地到趣玩网上完成了注册，迫不及待地去抽奖，结果一抽就中奖了！这更调动了他们的参与热情，于是他们就把这份惊喜分享给自己的好友，邀请好友来趣玩网抽奖，同时自己还可以获得双倍的中奖机会。此活动的规则，调动了完成注册用户的参与热情，完成注册的用户在小礼品的"激励"下，主动地充当起趣玩网该活动的宣传者，让该活动信息得到了持续的传播，吸引越来越多的用户进行注册。此活动让趣玩网获得了一批体验用户，为趣玩网带来了可观的流量。

周品表示，趣玩网原来获取用户的成本是20元/位。用户有奖注册活动开展时，获取用户的平均成本是0.5元/位。

"用户注册有奖"活动中，趣玩网不仅获得了数量不少的体验用户，而且大幅度降低了获取用户的成本，堪称是一次一石二鸟的精彩营销活动。趣玩网之所以能够成功获取用户，是因为周品使用的方法得当，抓住了用户的兴奋点，努力满足了用户的获利需求。趣玩网为用户精心准备了琳琅满目的创意小礼物，吸引了用户的眼球。看到活动的用户在获利心理的驱使下，会充满好奇地参与活动。当他们惊喜地获得了礼物后，会更加积极地参与活动，并开始主动分享活动信息，邀请好友来参与活动——与好友一起赢取礼物，不仅可以开心社交，还能获得利益。这些可分享、可邀请的社交元素，让该活动实现了"病毒式"的传播，为趣玩网吸引了更多的用户，最终让活动取得了圆满成功。

趣玩网"用户注册有奖"活动，也显示了一个"将欲取之，必先予之"的道理。互联网企业要想获取用户，就必须付出一定的成本，这个成本可能很高，也可能很低。活动策划得精彩，就能大幅度降低企业获取用户的成本；活动策划得不成功，获取用户的成本就会很高，而且实现不了预期的新增用户数量目标。

企业在获取用户的时候，一定要舍得投入资金。全球知名的社交网站Facebook的创始人马克·扎克伯格，在企业发展之初参加一次活动的时候表示，在网站盈利与吸引新用户中，他更看重的是用户，他将会把吸引新用户作为网站的首要任务。并且，他能果断地把很多资金投资到对用户体验的改善中去。他还表示，不是他不想赚取更多的利润，只是对企业的发展来说，获取用户比利润更重要。虽然他的企业目前的利润很微薄，但不可否认他是一位高瞻远瞩的创业人士，因为他懂得为用户投入资金。

企业在获取用户的时候，要有"烧钱"的心理准备。纵观那些知名的互联网企业，哪个没有烧过钱？有些企业总是吸引不到用户，也许有很多种原因，但是可以确定的一点是，他们对用户的投入还不够。

企业在获取用户的时候，切忌以免费为噱头。如果企业的免费只是噱头，不但不能帮助企业获得用户，反而会降低企业的信用，还有可能给企业带来万劫不复的灾难，被用户评为"骗子"，甚至遭到用户"拉黑"。长此以往，不仅吸引不到用户，还会使老用户愤然离去。

获取用户是企业的基本任务，也是长期任务。用户对于企业来说，犹如水之于鱼。没有水，鱼就会死，没有用户，企业就会亡。企业在获取用户的过程中，若遇到吸引用户的困难，不能灰心丧气，需要积极地找原因。不妨试试发放奖品、红包、优惠券等活动，来吸引用户，这可能会让你的困难迎刃而解。

信息传递：没有转发，影响力就上不去

企业在社交网络中做活动，会遇到信息传递不畅、用户只浏览不转发的情况，从而导致企业无法扩大宣传的影响力。企业在社交网络中如果没有影响力，社交网络就不能为企业带来新用户、给企业增加流量，也就无法累积社交红利。所以，企业无时无刻不在想办法与用户实现积极的互动。通过与用户的互动，借助用户的圈子，企业可以扩大影响力。只要企业的社交活跃，信息流动，就不怕宣传不了自己。

企业只有把自己的活动信息、产品信息传递出去，才能实现良好的宣传，才能吸引更多的用户参与活动、关注产品。通过转发的形式，信息会实现快速的传递，从而增加企业的影响力。信息被越多的用户转发，信息传递速度就越快，影响力就越大。

解决企业信息传递困惑的方法有很多，较常用的有三种：一是有奖转发；二是增添小应用；三是充分利用核心用户的力量。

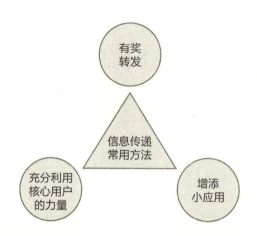

第一，有奖转发。企业为了推广自己的品牌或宣传自己的产品而设计一个活动，看到该活动的用户只要转发这条信息，就可以获得优惠券、小礼物等。这些奖励能刺激用户的转发动作，促进企业信息传递，扩大企业的影响力。例如，订餐网"饿了么"为了宣传自己的企业信息，发起了"转发信息即可获得免费午餐——20元抵用券"的活动。活动中，用户只要把"饿了么"订餐网站转发给自己的好友，即可领取免费午餐，从而使该信息获得了150万个白领的转发，让"饿了么"订餐网的影响力在上海家喻户晓。

第二，增添小应用。实践证明，企业在自己的网络平台上增加一些小应用，把企业的服务、功能等信息植入其中，可把庞大的企业变成一个有趣的小应用，让用户在愉快地玩应用的过程中了解企业，享受企业的服务。如缘来网在腾讯平台上推出了一款小应用"看看你有多抢手"，吸引了200万个以上的用户参与使用，最后使得100万个以上的注册用户转发企业信息，让缘来网传递了企业信息，扩大了企业的影响力。

第三，充分利用核心用户的力量。很多微博名人、微博大咖都有自己的核心用户，即粉丝。粉丝都是这些微博名人、微博大咖的忠实拥护者，愿意为他们效劳——如果你能在社交网络上找到你的核心用户，这股聚集的力量能够让你在社交网络上获得一呼百应的"领袖特权"。你只要请求核心用户帮你转发信息，他们就会快速响应，把你的信息转发到他们的各个社交网络中，让你的信息实现裂变式的传递，如此你的企业或产品的影响力想不大都不可能。

电影《致青春》在微博上的宣传获得了惊人的影响力，与《致青春》相关的微博信息得到了很高的转发量。《致青春》巧用微博、微博大号，把《致青春》的信息推送给了更多的用户，在用户的转发、分享中，《致青春》的影响力不断扩大，实现了良好的推广效果。最后，《致青春》累积了更多的目标用户，为其漂亮的票房成绩打下了坚实的基础。

电影《致青春》在宣传的过程中，其官方微博得到了20个微博红人的账号助力，获得了4亿多个粉丝的关注，获得的微博信息超过了2 600条。

这20个微博红人账号可分为两大类。一类是《致青春》影片的创作成员。导演赵薇拥有4 300多万个粉丝，男主演韩庚拥有3 400多万个粉丝，女主演佟丽娅拥有1 200多万个粉丝，其他主演赵又廷、郑恺的粉丝数也超过了300万个；音乐创作成员韩红也拥有300多万个粉丝；新演员杨子珊、江疏影、朱小北等人的粉丝数量都超过了20万个……《致青春》主创人员的粉丝数量累积超过了一亿个。另一类是《致青春》影片的导演、演员的好友。其中达到千万个粉丝级别的微博红人有王长田、何炅、杨澜、韩寒、王菲、黄晓明、徐峥、小沈阳等十余人。他们联合起来，为《致青春》摇旗呐喊，让影片的信息得到了广泛的传播。

《致青春》由于前期的宣传，吸引了很多粉丝的关注。剧组人员到南京现场拍摄的时候，由于遭到粉丝的过度围观，现场一度混乱，无法拍摄。一次拍摄之前，男主演韩庚在微博上对粉丝说："《致青春》是赵薇首次执导的影片，请大家不要来现场围观，更不要拍摄现场的照片和视频，这样只会帮倒忙，谢谢大家的谅解与支持。"《致青春》的官方微博很快回复了该信息，导演赵薇转发了韩庚的微博信息，并回复说："韩庚加油！相信大家会理解和支持你的。"韩庚的此微博，得到了大部分热心影迷的理解和支持，短短几个小时内就获得了12 845条热评、18 891次转发。同样的，"有一种友情叫作赵薇和黄晓明"这样的青春话题，也引起了很多观众的共鸣，吸引了很多用户互动、转发。

电影《致青春》的相关信息得到了很多微博红人、名人的帮助，获得了极大的转发量，让《致青春》迅速红遍微博等社交网络，也让《致青春》的宣传信息得到了快速、广泛的传递。无论是线下还是线上的社交圈，都掀起了"致青春"的热潮，很多用户在

QQ空间、微博上书写自己的青春，让《致青春》获得了空前的影响力。最后，《致青春》获得了7亿元的票房业绩，刷新了电影票房纪录，让影片赚了个盆满钵满。

在拥有海量信息的社交网络中，要让企业的信息得到转发、获得传递，并非易事。但是专家通过研究发现，那些有用的信息、有趣的信息，往往能获得转发、得到传递，在社交网络中发挥举足轻重的影响力。为此，企业在社交网络中发布信息的时候，要努力让企业的信息、产品的信息变得有趣或实用，以促进信息的转发，从而彻底走出"信息传递"的困境。

社交困局：为什么我的效果总是不好

先进的互联网技术与推陈出新的社交媒体相撞，迸发出巨大的能量，给商家带来了无限的商机，积极利用社交媒体参与社交的商家，就有机会获得令人惊喜的社交红利。有的商家获得了丰厚的社交红利，使自己的企业得到了突飞猛进的发展；有的商家虽然投入了很多财力人力，但总是达不到想要的效果，流量上不去、用户不活跃。这就是大多数企业所说的"社交困局"。

企业用各种促销活动来吸引用户，每次都能吸引用户的关注，但是活动结束后，这些用户不是销声匿迹，就是变成了一堆"僵尸粉"。结果，企业产品的销量没有增加，品牌形象也没有提升，用户的转化率远远达不到预期的效果。总之，很多企业总是遭遇社交困局，用户、流量累积效果不好。

A公司是一家创业公司，在企业发展之初，其创始人王总投入一笔资金，在微博、微信等热门的社交平台上开展了很多有奖活动，以吸引用户。经过两个月的运营，企业的微博、微信的关注用户数量都达到了百万个。王总表示，其微博上覆盖的人群已经超过了"小米"。但是A公司获得的实际收益与"小米"相比，简直就是沧海一粟。由于用户不活跃，信息缺少流动，企业的信息根本传播不出去。

也许很多企业都在承受着用户累计效果差的困惑：之前所举办的活动、所发布的信息，犹如过眼云烟，对用户的影响时间极短。企业举办各种活动吸引用户，目的是把线下的用户、其他网站的用户转化为自己的企业用户，为自己带来流量——有了较多的流量，企业才可能通过用户下载、购买等行为获取社交红利。

那些能够放大累积效果的企业，就会越做越火、越做越强。小米科技能够从论坛、微博、QQ空间、微信等社交平台上吸引用户，并能将其转化成小米的发烧友——"米粉"，就是做到了用户效果的不断累积，实现了聚沙成塔。这让小米科技从毫不起眼的民营企业，成长为令人刮目相看的互联网龙头企业。

如果企业拥有一定的用户资源、社交经验，想获得好的用户累积效果，就相对容易一些。如果企业本身并无用户资源、社交经验，想获得好的用户累积效果，就相对困难一些；而且即使企业吸引来一定数量的用户，一时半会儿也看不到社交红利。这样的企业，需要持续地发布信息、推出活动、掌握社交技巧，才能获得好的用户累积效果，从而获得持续不断的用户、流量红利。小米科技在发展的过程中，在论坛中聚集了一批体验用户，并充分地利用时下流行的微博、微信与用户互动。通过举办各种活动拉近与用户之间的距离，小米科技实现了用户的累积，成功获得了社交时代的红利。

企业的社交困局，并非不可突破。企业可以通过两个途径突破社交困局：一是浸泡；二是试探。

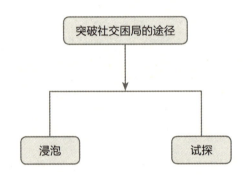

第一，浸泡。在如今社交平台越来越丰富的环境中，企业如果只采用一种社交平台，很难满足企业的需求。每一种新的社交平台推出后，企业负责人千万不要因为新的社交平台的影响力有限而"瞧不上"它，一定要积极地熟悉它，花一段时间浸泡于其中，只有彻底地浸泡在社交平台中，才能透彻地了解社交平台的精髓，让社交平台为己所用，使企业得到平台的支持，将平台资源转化为企业的资源。

然而，经过研究调查发现，很多产品经理都不使用微博、微信等社交工具。很多利用社交网络营销失败的企业，都有这样一个特点：他们都不愿意熟悉社交网络及社交媒体，只愿意了解社交平台带给企业的影响。

很多企业的产品经理，很少浸泡于社交平台中。大多数参加微信培训的企业高管对于社交网络、移动应用很陌生，有的甚至对其闻所未闻。他们说，自己忙得根本没有时间了解微信、使用微信，他们更愿意参加微信的相关培训，这样学习起来更快。

殊不知，他们学到的都是理论，当真运用起来，往往达不到想要的效果。浸泡恰恰是实践的过程。一个工具，当你能够游刃有余地运用它时，你就彻底了解了它。

第二，试探。企业的产品活动、促销活动，在不同的时段推出，会获得不同的效果——选择在节假日推出会获得更快的销售速度；在工作日则较慢。不同的形式会获得不同的效果，以文字、图片、视频的形式取得的效果各不相同。采用单一的社交平台和采用组合的社交平台，效果也大不相同——使用微信能够获得精准的目标用户；使用微博可获得大范围的传播，吸引来更多的用户；而如果将微博、微信组合使用，就有可能为企业带来更多的目标用户。如果企业不断试探社交平台，就可以了解各个平台的精妙之处，找到最适合企业活动的社交平台，累积用户，让整个社交网络为企业服务。

企业要摆脱社交困局，就要积极浸泡、尝试各种社交网络，对每个社交平台了如指掌，才能游刃有余地运用。企业利用好每个社交平台，离不开制造有趣、有用的信息；企业要吸引、增加用户，就必须有好信息。企业要获得流量大、用户多的效果，就要促进信息转发，扩大企业的影响力，周期性地举办各种活动，留住用户、黏住用户。只有如此，企业才能彻底走出社交困局，获得好的社交累积效果。

第三章
社交红利时代，这么玩才能赢

　　商家无不想在社交红利时代挖掘到金矿。社交红利，需要商家长时间不间断地积累，才会显示出来。其中，商家只要掌握六大策略——粉丝经济、长尾经济、精品战略、关系同盟、兴趣共享、全民参与，就能帮自己快速赢取社交红利，成为社交红利时代的大赢家。

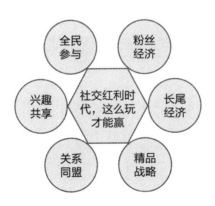

粉丝经济：没有粉丝，就没有分量

社交网络的迅猛发展，让粉丝越来越活跃，粉丝的话语权越来越重。企业家、明星、名人再也不敢忽视粉丝的力量，他们纷纷加大力度维护自己的粉丝，旨在培养愿意买单的铁杆儿粉丝，以提高自己的知名度，并获得粉丝的回报。粉丝经济的确蕴含着巨大的商业价值，如果你没有粉丝，就与粉丝经济无缘，也就无法获取粉丝经济效益。在粉丝经济中，商家、明星、名人如果没有粉丝，在社交网络中就没有分量；商家、明星、名人如果拥有数量庞大的粉丝，那么在社交网络中，他们就拥有话语权和一呼百应的号召力。

粉丝经济具有巨大的爆发力。李宇春在微博上卖彩铃，进账百万元；郭敬明拍电影，获得了优异的票房业绩；陈坤在微信上售卖会员资格，日进斗金。他们在社交网络中之所以能赚得盆满钵满，得益于他们拥有成千上万的粉丝，是粉丝的贡献助他们获得了成功。李宇春，微博粉丝超过了330万个；郭敬明有3 600多万个粉丝；陈坤微博有7 600多万个粉丝，他微信上的粉丝也有几十万个。他们采用粉丝经济模式，获得了巨大的推动力，进而获得了丰厚的经济收益。

无论是企业还是明星、名人，要发展粉丝经济，必须培养粉丝，建设数量庞大的粉丝群——社交网络更容易培养粉丝。如今社交网络发展越来越成熟，你可以用生动的文字、有趣的语音、优美的图片及时与用户交流互动。不管你是推广产品还是销售产品，你都必须先让用户获得好的体验，使其对产品、品牌产生好感。

淘品牌"三只松鼠"的CEO章燎原，卖坚果走红互联网，其中就有粉丝的贡献。章燎原在创业初期就很重视培养粉丝。他通过品牌为先、雕琢细节、超预期的用户体验，环环相扣地吸引用户，从而把用户培养成"三只松鼠"的粉丝。"三只松鼠"的主要目标不是卖坚果，而是愉悦用户，用小松鼠卖萌的表情、活泼的语言来讨好用户、把用户逗乐。当用户喜欢上卖萌的小松鼠时，也就认可了"三只松鼠"品牌，进而成为三只松鼠的粉丝；只要他们想吃坚果，就会首选"三只松鼠"品牌。

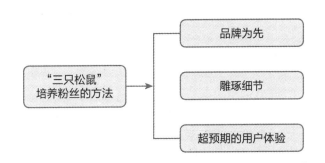

"三只松鼠"重视包装细节，包装很精致，令用户感到惊喜。除了本身的包装，"三只松鼠"还考虑到用户可能外出带少量坚果的情况，会赠送用户大小不等的几个纸袋；考虑到用户打开一整袋坚果，短时间吃不完，会返潮，就赠送用户一个口袋夹，方便用户保存剩余坚果；"三只松鼠"还会赠送用户一些小礼物，如会员卡套。"三只松鼠"精致的包装，令用户不仅收到了浓香的坚果，还感受到了贴心服务，从而为用户带来了超预期的体验。

当用户获得极致体验，他就会很高兴地把自己对"三只松鼠"的好感分享到社交网络，并主动推广"三只松鼠"品牌坚果。用户的良好口碑，可为"三只松鼠"吸引来新的用户，培养新的粉丝。

也就是说，超预期的用户体验，能为企业吸引来新用户，培养更多粉丝。关于超预期的用户体验，360公司董事长周鸿祎说："当你打开一瓶矿泉水，喝了一口，就是矿泉水的味道，这就没有产生用户体验。当你打开一瓶矿泉水时，喝了一口，却是白酒，用户就获得了超预期的用户体验。"

当用户获得超预期的用户体验时，就会欣喜若狂，会把自己的体验告诉自己社交圈的朋友。听到的人觉得有趣，还会分享给自己的朋友。这样口口相传，这个产品就广为人知了，产品的品牌也就形成了。

所以说，当你为用户带来超预期的体验时，你就能吸引用户、抓住用户的心、令用户满意，让用户变成你的忠实粉丝。

有了粉丝，就能借助粉丝的力量，推广产品，销售产品，获取商业价值。粉丝经济，要求企业在社交网络中不断经营粉丝，及时与粉丝互动，让粉丝感觉到自己很重要，让粉丝信赖你或信赖你的产品。努力培养忠诚的粉丝，粉丝才会主动为你宣传产品信息，让你不用付出产品营销费用，不用再花费巨大精力做营销；并且让更多的粉丝认可你的产品，毫不犹豫地选择你的产品、购买你的产品。因此，你可以利用粉丝经济，分享社交红利。

歌手李宇春平时注重培养粉丝，在微博社交平台上积累了几百万的粉丝。在唱片市场衰落的时候，李宇春却借助粉丝的力量，实现了粉丝经济效益，名利双收。

李宇春是一名实力派女歌手，在多年的乐坛生涯中，培养了一批粉丝"玉米"。社交网络时代，她积极运用社交工具，在新浪微博社交平台上发布用户感兴趣的信息，积极与用户互动，从而获得了300多万个"玉米"。"玉米"大部分已经参加工作，购买力较强。"玉米"默默地关注、支持她的演唱事业，让李宇春获得了很高的知名度。

随着唱片市场衰落，明星经纪人开始青睐风险低、回报快的粉丝经济模式。2014年4月14日李宇春的新歌《酷》首次发行，就充分利用自己庞大的"玉米"力量，采用了粉丝经济模式。李宇春的新歌《酷》在新浪微博社交平台上，以彩铃的方式发售，且以新浪微博为唯一渠道。"玉米"若想欣赏李宇春的新歌《酷》，只能在新浪微博上下载彩铃；"玉米"若想马上听到期待已久的《酷》，可以登录新浪微博，只要输入自己的手机号码，通过话费支付下载即可。下载一首彩铃需要花2元，买一张唱片则要几十元，对于"玉米"来说，前者显然很超值，而对李宇春与经纪人而言更超值。首先，彩铃市场大，用户数量庞大，比买唱片的人的数量多出数倍。其次，彩铃购买方便，只要有手机，就可以在几分钟内获得自己想听的歌曲，并可反复欣赏。《酷》下载一次需2元，而李宇春新浪微博的粉丝超过了300万个，再加上新浪微博吸引的新用户的购买，此次《酷》的收入超过了600万元。

李宇春和其经纪人用新歌《酷》"试水"粉丝经济，获得了可喜的成绩。其实，这是一次利用社交平台把李宇春的几百万个粉丝"玉米"转化成600多万元现金的过程，是一次成功兑现社交红利的商业案例。

李宇春的新歌《酷》在微博社交平台上能够通过卖彩铃收入几百万元，这都是粉丝的力量推动的结果。粉丝经济给李宇春及其经纪人和粉丝都带来了实惠。一方面，采用粉丝经济模式，经纪人只需要投入录制唱片的费用和很低的推广费，就能实现资金快速回拢。只要"玉米"下载彩铃成功，对于经纪人来说，钱就成了篮子里的蛋——飞不走了。采用粉丝经济模式，让李宇春的经纪人最大限度降低了商业风险。另一方面，李宇春的粉丝渴望听李宇春的新歌，在过去，歌手推出一首新歌，就会出一张唱片，粉丝想听新歌就要购买一张价值几十元的唱片；而现在只需要2元钱，粉丝就可以购买到自己需要的产品，这显然既满足了粉丝的需要，又帮粉丝节省了银子。可见，粉丝经济能够为买卖双方带来"双赢"，李宇春的经纪人也从粉丝经济中获得了丰厚利润。

总之，在社交网络兴盛的当今，无论是企业还是个人，没有粉丝，在社交网络中就没有分量；有了粉丝，你就能借助粉丝的力量，获得丰厚的经济效益，快速树立品牌形象，有机会实现名利双收。随着粉丝经济的效益不断显现，越来越多的企业、名人开始借助粉丝的力量，发展粉丝经济，分享社交红利。

长尾经济：从"小众"到"大众"

　　互联网、社交网络中蕴藏着长尾效应，长尾效应即"小众"经济和"大众"经济并存。在互联网经济环境中，商家越来越重视长尾效应。长尾效应是一个经济学理论，关于它有一个通俗形象的说法：一个小数字乘以一个很大的数字，就可以得到一个更大的数字。

　　在社交网络中，你发布一条信息，只要内容有价值、有趣，就会被用户持续点击，这个点击量第一天可能只有100个，第二天可能是200个，第三天可能有300个……但是只要此信息不断地被用户点击，就会吸引越来越多的用户点击。假设每天只有100个点击量，当这条信息的点击量达到10 000个的时候，就会产生"长尾效应"。在海量的信息中，那些点击率越高的信息越容易被搜索到，越能吸引用户。如果你的这条信息里面包含了企业的产品、公司内容，就能让企业获得免费的产品推广、品牌宣传，从而为企业吸引来潜在的消费者和越来越多的目标用户，促成越来越多的订单，获得持续的经济效益。

尽管在社交网络时代，信息的生命周期缩短了，但是互动能够让信息的生命周期延长，这也就难怪有的信息在很长的时间内仍然能够被关注、点击、分享，持续地发挥着宣传的作用了。如"美丽说"的社交产品，每一条信息都是用户了解产品的入口，只要用心编辑这些信息，就可以让产品的信息在社交网络中获得更长的生命周期，吸引更多的用户关注、分享，从而让该条信息聚集数量较多的用户，把产品的信息推送给更多的用户，从而增加产品的购买者，让产品的购买者由少变多、由小众转变为大众，让产品的销量不断增加，为企业带来长尾效应。

例如"啪啪"富信息上线后，业内人士通过持续观察它分享到腾讯微博的互动次数、分享量、被点击量，发现其用户数量呈现长尾效应。

2013年4月12日，"啪啪"富信息互动次数3 574次，点击播放次数640 907次，分享信息量86 390次。

2013年4月13日，"啪啪"富信息互动次数5 093次，点击播放次数889 661次，分享信息量92 020次。

2013年4月14日，"啪啪"富信息互动次数12 768次，点击播放次数1 612 788次，分享信息量94 720次。

2013年4月15日，"啪啪"富信息互动次数9 240次，点击播放次数2 007 136次，分享信息量83 990次。

日期	互动次数/次	点击播放量/次	分享信息量/次
2013-04-15	9 240	2 007 136	83 990
2013-04-14	12 768	1 612 788	94 720
2013-04-13	5 093	889 661	92 020
2013-04-12	3 574	640 907	86 390

　　研究者还发现，"啪啪"富信息不仅吸引了新用户，留住用户的比例也提高了，用户在信息上的停留时间也随之增加。这些变化都体现了长尾效应。

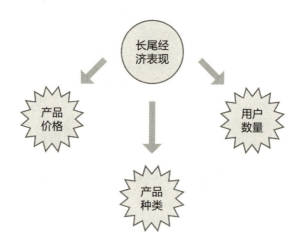

　　长尾经济重视"大众"用户的需求，重视"大众"产品的收益，重视产品的持续收益。很多成功的企业，往往注重发展长尾经济，在产品种类、用户数量、产品价格上，从"小众"转向"大众"，努力满足"大众"用户的需求，在互联网中收获了源源不断的"金子"。

　　众所周知，小米科技在互联网浪潮中顺势而为，成为互联网公司的"领头羊"。小米科技之所以能在竞争异常激烈的手机市场中崛起，就是因为看到了大众用户对高配置手机产品的强烈需求。虽然高配置手机品牌已有苹果、三星等，但是其昂贵的价格，只适合小众用户。于是，小米科技开启了手机大众之旅，把高配置手机由小众成功转向了大众，从而获得了数量庞大的"米粉"。

小米科技在发展的过程中，通过论坛、微博、微信，发布产品信息，发布企业信息，与用户活跃互动，为小米科技集聚了成千上万个网络用户。小米科技成功实现了网上直销手机，大幅度降低了手机的制造成本，从而让高配置的小米手机价格稳定在1 999元，持续地满足"大众"的需求，让消费者用上了物美价廉的高配置手机，也水到渠成地树立起了"小米"这一品牌。这些用户逐渐成为忠实的"米粉"，大力支持小米的不断发展。小米手机不仅是一种产品，也是小米公司获取用户的切入口，更是小米公司树立品牌的撒手锏。

小米手机聚集的庞大用户，给小米科技带来了长尾效应；"小米"品牌的树立，让小米有机会发展长尾经济。小米手机用户，既需要手机，又需要其他科技产品，如电视、路由器等。现在，小米在产品的品种上，正由小众转向大众。过去小米专注于手机产品，而现在小米手机已经满足了用户的需求，为小米聚集了数量庞大的"米粉"。小米在专注于手机的同时，还开发了小米平板电脑、小米电视、小米路由器、小米盒子、小米手环、小米空气净化器等，小米的产品越来越丰富，满足了"米粉"的更多需求，拓宽了小米的收入渠道。

小米手机2014年含税收入为743亿元。小米电视天猫2014年"双十一"当天成交额149 006 480元，电视产品销量排名第三，仅次于乐视、海信。2013年小米手机含税销售额为316亿元。

虽然小米的其他产品与小米手机的成交额不能相提并论，但如果小米拥有几百种产品，如果每种产品年销售额为10亿元，非手机类产品的总销售额就是一个惊人的数字，会超过手机的收入。可见，大众产品对总收入的贡献很惊人，能给企业带来长尾效益。

长尾效应能实现积少成多，能让涓涓细流汇聚成汪洋大海，能让"挣小钱"变成"赚大钱"，能让企业通过一个小产品或利润薄弱产品，获得巨大收入。

苹果在手机软件iTunes上销售价格只有1美元的歌曲，结果销售额超过了60亿美元。再如，Skype售卖廉价的网络电话时长，创下了5.5亿美元的年销售业绩。

可见，价值小的产品经过持久的销售也能带来巨大的收益。在此情况下，长尾经济可理解为通过小比例的付出创造出大比例的收益。

长尾经济看重的是产品的市场潜力，这样的产品首先要质量过硬，然后加以不断改进，不断优化。长尾经济理论要求企业能够时刻认识到事物是不断发展变化的：今天的流行产品也许很快就下架；今天的非热卖产品，只要不断地改进，也会发展成大众喜欢的产品，变成流行产品。于是，那些有价值的产品就有机会从小众走向大众，实现长尾效益。

　　企业由为少数客户提供产品到为大多数客户提供产品服务，从而为企业的经济带来长尾效应。这个长尾到底有多长，难以计算，只能让时间来告诉大家答案。大众凭借庞大的（产品、用户）数量，足以让企业家赚得盆满钵满。互联网公司谷歌，在发展的过程中，越来越重视长尾效应，努力让自己的产品和服务从小众的变为大众的。

　　广告产品对于中小企业来说，是一个奢侈品。中小企业都想通过广告来提升自己的品牌知名度，推广自己的产品。但是昂贵的广告费用，令很多中小企业望洋兴叹，广告服务似乎成了大企业的"专利"。谷歌在发展的过程中，广告费用很高，主要为少数的大公司提供广告服务。随着互联网的发展，它不断丰富自己的广告产品，寻找广告业务的长尾市场，希望为越来越多的中小企业提供广告服务。于是谷歌为中小企业研发了一个广告产品AdSense，通过与企业协作，降低了广告的服务价格，让有广告需求的中小企业也获得了做广告的机会，同时也为谷歌带来了源源不断的广告业务及收益。

　　谷歌把广告产品由"小众"用户转向"大众"用户，不仅获得了巨大的收益，而且成为实践长尾经济的先行者。

　　企业不懂长尾经济模式，就会被互联网浪潮淹没，被用户抛弃。长尾经济模式，能够使企业家高瞻远瞩，着眼于长远利益，促使企业家沉下心来做产品、做服务，以便同用户获得双赢。

精品战略：只要内容好，不怕没转发

    企业发布在社交网络中的信息，如果能获得很多的用户转发，就说明信息的内容好，能吸引来很多用户关注，为企业带来用户红利。企业要想成为社交网络中的关注焦点，就要有一定的策略，否则只能成为社交网络中的"炮灰"。在社交网络中，企业、创业者需要制定精品战略，制造内容好的信息。

    只要信息的内容好，就不怕没转发。信息的内容可以是文字，也可以是图片、语音、视频、小应用等。信息的内容必须具有新鲜、有趣、有用这三个特点，才能打动用户，让他们情不自禁地点击、转发，从而促进信息的传播，使企业在社交网络中获得更多的曝光，被更多的用户所了解。

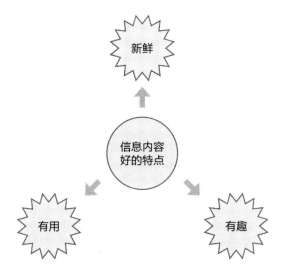

很多企业在微博上发布内容好的信息，获得了很高的点击率和转发量，让企业、产品在社交网络中得到了广泛的传播。

韩寒亲自执导的电影《后会无期》，早在拍摄初期、拍摄过程中和上映前期，就已经在社交网络平台——微博上适时发布了与影片相关的信息，以此来提高自己的知名度，宣传影片。

关注韩寒的媒体、粉丝都想一睹韩寒女儿的真容，有的媒体找韩寒的朋友买照片，影响到了韩寒家人的正常生活。韩寒经过深思熟虑，决定在微博上公布女儿小野的照片，结果吸引了很多粉丝关注。很多粉丝回复"萌呆了"，有一位粉丝在回复中称韩寒为"岳父大人"，韩寒觉得有趣，就把它转发到了自己的微博上。于是很多粉丝开始用"国民岳父"称呼韩寒，韩寒因此在社交网络中人气飙升。之后，一些发烧粉丝还在微博上开辟了"国民岳父韩寒"的话题，此话题吸引了10万多次的讨论量、121万次的阅读量。

韩寒在微博上发布"小野的照片"，抓住了广大粉丝和媒体充满好奇心的特点，凭借信息内容新鲜，引来无数用户的点击、互动，使其在社交网络中名声大震，韩寒的一举一动都能吸引用户关注。之后，韩寒在微博上宣布他将导演一部电影《后会无期》，共邀请了六位当红明星主演，令粉丝对影片充满了期待，大家纷纷猜测主演名单。

2014年2月13日，韩寒在微博上公布了第一位男主演陈柏霖，次日宣布他首次执导的电影《后会无期》开始拍摄，并开辟了《后会无期》的官方微博。2014年2月18日，他又公布了第一位女主演陈乔恩；与此同时，韩寒、陈乔恩的微博与官方微博联合互动，把陈乔恩的粉丝也聚集到了官方微博；次日他宣布了第三位主演冯绍峰。此后每隔一个月，韩寒都会在微博上公布一位主演，3月份、4月份、5月份，分别公布了主演钟汉良、袁泉和王珞丹。每公布一名演员，韩寒与演员都会与官方微博联合互动，为电影聚集了"亿级别"的粉丝。有趣的是，该影片还为电影中的"狗"马达加斯加开通了微博，"狗微博"的每一条微博都获得了约1 000次的转发、评论、点赞。该影片2014年5月26日宣布杀青，此后影片进入集中宣传阶段。

《后会无期》在宣传的过程中，制作了3首影片插曲的MV，其中一首非常精彩，叫《平凡之路》。《平凡之路》MV在发布的时候，宣布了著名歌手朴树复出的消息。陪伴"80后"度过青春岁月的朴树和韩寒联手，唤醒了数量庞大的"80后"对青春的记忆。于是，朴树和韩寒成为用户讨论的话题之王，《平凡之路》MV最终的转发量超过了40万次，当天虾米、腾讯网的音乐榜上此歌排名第一。这让该电影得到了广泛宣传，一举获得了6.5亿元的票房业绩。

韩寒在微博上坚持不懈地制造有趣、新鲜的内容，受到了用户的持续关注，让韩寒和电影《后会无期》在社交网络中成为热门话题，让电影得到了广泛的宣传。韩寒利用微博持续数月发布影片的信息，吊足了用户的胃口，让影片在拍摄阶段就获得了持续的宣传效果。该影片在宣传阶段，通过邀请实力派歌手朴树拍摄MV，再次触动用户的神经，让该影片的主题曲演唱者、导演以及影片本身统统再次成为社交网络中的热门话题，更广泛地宣传了该影片，从而让该影片打破了电影票房纪录，获得了票房和口碑上的双丰收。

电影《后会无期》的票房成绩，与韩寒在微博社交平台上发布的内容上佳的信息有直接关系。这些有着丰富内容的信息吸引来无数的用户关注电影，参与电影的相关话题，转发电影的相关话题和内容，从而让电影得到了广泛的传播，为影片的上映聚集了数量庞大的目标观众，让韩寒与投资方都获得了丰厚的收益。

通过内容上佳的信息来增加信息的转发量，对企业、产品而言确实是一个精品战略。信息内容上佳，就能为企业、产品吸引到更多的用户；信息内容上佳，就能刺激用户的转发量，扩大信息的传播范围，实现良好的宣传效果，聚集更多的目标用户，从而让企业实现产品销售，获取社交红利。

企业要想让自己的信息在社交网络中获得大量的转发，就要制造内容上佳的信息。制造内容上佳的信息，必须围绕三个关键字——"新鲜""有趣""有用"。

"新鲜"，就是信息内容要最新的，信息内容要具有时效性。如，企业可以在微博上发布关于新闻热点的内容。"有趣"，就是信息内容要具有趣味性，要能愉悦用户。如在微博上发布一段令人捧腹大笑的视频内容。"有用"，就是信息的内容要能够给用户提供价值，包括娱乐价值、服务价值、学习价值等。如，企业微博发布关于产品打折的内容，对于有产品需求的用户来说就具有服务价值，可以让用户既省钱又能买到自己喜欢的产品。只要你的信息内容足够"新鲜""有趣""有用"，就不怕用户不去转发。

企业在利用社交网络进行营销的过程中，如果能制定精品战略，用好内容，促进转发，就能更广泛地推广产品、传播品牌，在不知不觉中获得社交红利。

关系同盟：发展关系链，实现影响力最大化扩散

社交网络中的用户，都在不知不觉中发展着自己的关系链，每位社交网络用户都有自己的社交圈子，如生活圈子、工作圈子、兴趣圈子等。如果你的信息内容很实用，对生活有帮助，用户就会把它分享到自己的生活圈子。用户生活圈子里的朋友如果从事这方面的工作，觉得这信息对他的工作很有帮助，又会把它分享到自己的生活圈子、工作圈子……该信息就会大范围地扩散，发挥广泛的影响力。可见，信息通过多条关系链传播，就会传播得更快更广泛；多条关系链同时传播一条信息就组成了关系同盟。关系同盟能让你的信息的影响力实现最大化的扩散。企业、创业人士要想与别人建立关系同盟，就要注重发展自己的社交关系链，只有你拥有强大的关系链，别人才愿意与你结成关系同盟——通过你的关系链，实现信息影响力的扩散，获得有效的宣传效果，积累更多的社交红利。

采用关系同盟，发展关系链，实现影响力最大化扩散，玩得精彩的有"ALS冰桶挑战""微信红包""电影《后会无期》"等活动。其中影响力扩散效果最好的非"ALS冰桶挑战"莫属。"ALS冰桶挑战"在传播的过程中，采用了"关系联盟"策略，与明星、名人的关系链结盟，让该活动得到了广泛的传播，影响范围从美国扩散到中国，最后扩散到了全球。

冰桶挑战赛最初只是社交网络上的一个刺激性的活动，最后发展成了一次关爱渐冻人的公益活动。该活动在多个关系链上得到了扩散。

2014年6月，在全球著名的社交网络Facebook上，"冰桶挑战赛"成了热门话题。全球许多名人都参与了该活动。"冰桶挑战赛"中，被点名者要在24小时内接受冰桶挑战，把浇一桶冷水的视频公布到社交网络上，然后再点三名挑战者；不接受者可以选择为"渐冻人症"患者捐款100美元。

在美国，微软创始人比尔·盖茨，微软现任CEO纳德拉，谷歌联合创始人谢尔盖·布林、拉里·佩奇，亚马逊CEO贝索斯，苹果CEO蒂姆·库克，Facebook创始人、CEO马克·扎克伯格，特拉斯创始人、CEO艾伦·马斯克，著名足球运动员C罗，著名歌手贾斯汀·比伯等名人都参与了冰桶挑战赛。

在我国，小米科技的CEO雷军，锤子手机创始人罗永浩，奇虎360CEO周鸿祎，华为业务部总裁刘江峰，优酷土豆CEO古永锵，富士康董事长郭台铭，百度创始人李彦宏，慕和网络创始人吴波，快乐创始人陈富明等名人也积极加入了冰桶挑战赛。

"冰桶挑战赛"吸引了许多名人积极参与，千万个视频相当于千万次的生动宣传，一次又一次地强化宣传"渐冻人症"，让活动的影响力得到了超强的扩散。

"冰桶挑战赛"的影响力之所以能扩散到全球，是因为每一位名人都有自己的强大关系链，在社交网络上一呼百应。这些名人通过"冰桶挑战赛"联系在了一起，组成了关系同盟，让该活动的影响力实现了最大化扩散。

用户在社交网络中发展自己的关系链，将会让自己受益匪浅。你想打造自己的关系链，首先要了解你与用户之间的关系。用户与用户之间的关系可以归纳为三大类：强关系、弱关系、商务关系（介于强关系与弱关系之间）。采用不同的社交网络平台，会形成不同的关系，比如：人人网上，用户以多对多的方式交流；微博上的用户以一对多的方式交流；微信上的用户以一对一的方式交流。这些不同的交流方式，会形成不同的用户关系。很明显，采用微信更容易建立强关系，微博次之，人人网适合建立弱关系。如果一家企业要与不同的用户交流，那么根据用户的不同采用不同的社交媒体，可以取得更好的效果。与老客户（强关系）交流，适合选用一对一的微信；与潜在客户（弱关系）交流，选用微博更适合，通过一对多，提高交流效率。

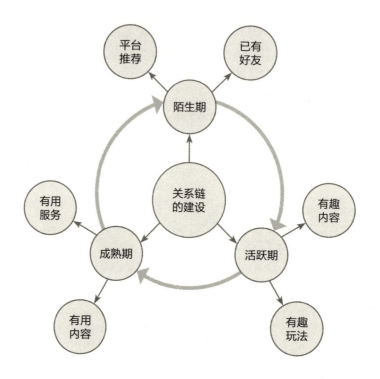

关系链不会自己形成，它需要你坚持不懈地建设。建设一条有保护的关系链，需要经历三个阶段。第一个阶段为陌生期。以微信为例，你刚刚进入微信，注册账号时，你的微信上还没有好友，微信平台会向你推荐一些好友，还会引导你从通信录、QQ上添加已有的好友，或者通过"摇一摇"，加附近的人为朋友。于是，你在微信上建立了一条关系链。第二个阶段为活跃期。当你加了一批用户后，你开始与一部分用户主动交流，还有一部分人主动和你交流。经过一段时间的交流，有些人会"潜水"，有些人则会继续与你交流，那些经常互动的人，就会逐渐成为你关系链中的用户。在活跃期，你需要依靠有趣的玩法、有趣的信息，让用户关注你，成为你关系链上的老用户，并吸引新用户。第三个阶段为成熟期。这一时期，你会把那些几个月都无交流的陌生人删除、将发无聊话题的人剔除，精减你的用户。为了让这些留下的用户永远地"留下"，你要发有内容的信息，不遗余力地为用户提供有用的服务，如此你的关系链才会越来越强，社交红利与日俱增。这个阶段，有些用户还会小心谨慎地屏蔽部分好友，进行个人权限设置，只接受某些圈子的用户。

当你发展了自己的关系链后，你就能获得保护作用，不用依靠发布大量的信息来吸引圈子中的用户，而是靠信息效果的累积来提升自己在社交网络中的影响力。

关系同盟的策略，对企业影响力的扩散有推波助澜的作用。但是，如果没有超强的关系链，实施关系同盟的策略无异于纸上谈兵。企业、创业人士要注重建设自己的关系链，一旦关系链建设起来，你就可以采用关系同盟的策略，让自己的产品和品牌的影响力实现最大化扩散，从而有机会获取社交红利。

兴趣共享：兴趣经济时代的社交红利

在粉丝经济时代，你没有粉丝都不好意思出门；在兴趣经济时代，你不懂兴趣共享就out了。如果你是一位企业家或创业人士，却不懂兴趣共享，轻者将与社交红利无缘，重者则会"死得很惨"。

具有共同兴趣的人往往会聚在一起，形成一个圈子，这就为商家寻找用户提供了便利。在社交网络的环境中，我们交流的时候，总是喜欢跟和自己具有共同兴趣的人聊天，成为网友。相信很多用户创建过或加入过一些QQ群、微信群，这些群有证券类的、旅游类的、音乐类的、文学类的、经济类的、建筑类的、IT类的等。这些群中的人都具有相同的兴趣，他们互相帮助、共同探讨，能给自己和其他用户带来帮助、快乐。如果偶尔有异类分子闯进群中，发一些与大家兴趣毫不相干的信息，就会引起公愤，被驱逐出群。如果你选对兴趣群，在群中热心帮助大家，就会获得越来越高的知名度和威望。当然，你若偶尔发布一些与大家兴趣无关的内容，倒也不会遭到大家的炮轰。但总的来说，在一个具有共同兴趣的群中，那些贡献又多又大的用户，就会收获到社交红利。

在社交网络中，你若能够大方地分享自己的心得，就会获得感兴趣的人的关注、互动，甚至转发。如果你坚持不懈地把自己某些方面的心得分享给用户，就会吸引越来越多的用户，成为这一方面的意见领袖，建设起自己的关系链。在自己的关系链中，你将越来越有话语权，终有一天，你会在自己的圈中获得一呼百应的影响力。

像前文提到的罗振宇，为什么能够召集到几十万个用户？有几个必要因素。首先，罗振宇大方地把自己的读书心得和生活感悟拿出来与网络用户共享。其次，罗振宇把自己共享的对象定位为对读书感兴趣的人，正是因为他与一群有读书兴趣的用户抱成了团儿，发生群蜂效应，使得互动、协作对《罗辑思维》品牌产生了反哺的作用，同时给罗振宇与用户带来了经济效益。再次，罗振宇利用了便于共享的社交平台，让共享的内容吸引到更多的用户，快速增加了目标用户。微信的即时交流功能，让共享变得更加精准、高效，而且微信可以共享到朋友圈、微博，从而让微博上具有读书兴趣的用户能够快速回流到微信上。微信公众号还具有分享无限性，让《罗辑思维》受到了商家的青睐，让商家的信息得到了最广泛的传播，让《罗辑思维》的会员获得了利益。从某种程度上讲，《罗辑思维》让共享读书心得的人和具有读书兴趣的人获得了经济收益，制造了一种新的经济模式。它采用兴趣共享的策略在社交网络中摸爬滚打，可以说，功夫不负有心人，最终获得了经济收益，并成了移动互联网浪潮中的经典话题。

兴趣共享，不仅具有娱乐的作用，还具有商业价值。兴趣共享，能让用户的兴趣产生经济效益。

著名的互联网社区"美丽说"，在其发展的过程中，采用兴趣共享的经营策略，获得了丰厚的社交红利。

"美丽说"在发展之初，为了专注于电商的垂直领域，更好地服务于用户，就把自己的目标用户定位为时尚、年轻女性。这种模式将有着相同兴趣爱好的人聚集在一起，这些人相互之间可以分享经验、推荐商品。"美丽说"为用户提供了交流美丽、时尚话题的免费平台，同时也为商家聚集了一批目标用户，让用户能快速找到自己心仪的服装，让商家实现了高成交率，这无疑开创了一种高效的商业模式。

"美丽说"网站2010年正式上线，通过独特的商业动作模式，获得了三次融资，解决了资金问题，实现了高速发展。经过两年的发展，"美丽说"获得了960万个用户，成为国内最大的社区女性时尚媒体。

"美丽说"在发展之初就有明确的定位，即做以女性时尚分享为主的社交媒体。在"美丽说"分享平台上，具有时尚兴趣的用户可以聚在一起分享衣饰、化妆等时尚内容，还可以评论商品，而且这些商品直接链接到了外部电商网站。这种模式将具有时尚兴趣的人聚集在一起，这些人相互之间可以分享经验、推荐商品，并成了时尚的"风向标"。"美丽说"分享平台在为兴趣用户提供讨论场所的同时，也为商家找到了精准用户。

"美丽说"凭借创新的商业模式，成为互联网浪潮中一颗耀眼的明星。阿里巴巴的参谋长曾鸣表示，淘宝已经探索了整整两年"美丽说模式"，这反映出阿里巴巴对"美丽说模式"的高度认可。很快，"美丽说模式"成了许多互联网企业效仿的楷模：人人网闪电般推出购物分享平台"人人逛街"；淘宝网也曾推出"爱逛街"；"麦田"不甘落后，推出了母婴亲子购物分享社区"宝宝淘"等。这些足以证明"美丽说模式"是一种很好的商业模式。

"美丽说"的成功在于其独特的商业模式，即"美丽说模式"。专业地讲，"美丽说模式"是一种社会化电子商务分享的模式；通俗地讲，"美丽说模式"通过一个社区来聚集具有共同兴趣的用户，使用户之间共享经验、推荐商品，指导爱美的用户买到最时尚最美丽的衣服、最有效果的化妆品。用户信息中的商品图片都链接到了电商网站，看了信息的用户若对商品感兴趣，只要点击图片就可以详细浏览产品信息甚至直接购买。"美丽说"相当于在为电商做导购，借此可获得分成，实现收益。

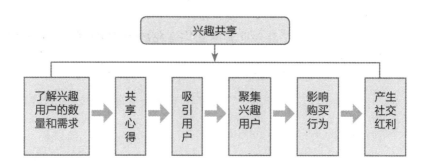

商家在经营管理中，采用兴趣共享的策略了解某一兴趣用户的需求、数量规模至关重要。掌握了该兴趣用户的数量和需求，就要紧紧围绕该兴趣展开话题，把自己在该方面的兴趣心得拿出来与大家共享，吸引越来越多的用户参与话题。当参与该兴趣话题的用户数量增加到一定规模时，社交红利就会一点一滴地沉淀，影响潜在用户的购买行为，于是社区发挥出了高成交率的导购作用，社交红利逐渐显现，水到渠成地流向兴趣用户群。

全民参与：关系到用户切身利益的，才是他最想要的

随着互联网浪潮、移动互联网浪潮的迅猛发展，企业家和创业人士逐渐认识到，互联网正在大浪淘沙地改变商业格局，要想不被淘汰出局，必须掌握互联网的用户思维，为自己的企业、产品聚集越来越多的用户。用户就是你在互联网浪潮中制胜的核心武器。众所周知，在互联网浪潮、移动互联网浪潮中，得用户者得天下。纵观那些成功的互联网企业，无不是想方设法地吸引用户，为自己聚集众多的用户。它们常常采用"全民参与"的策略来吸引用户。

企业家实施"全民参与"策略，旨在吸引更多的用户。然而，想调动用户参与的热情，并非易事，需要商家花一番心思来了解用户的需求。事实证明，那些围绕用户需求展开的活动、为用户带来利益的活动，更能激发用户踊跃参与其中。简而言之，关系到用户切身利益的，才是用户最想要的，才能调动更多的用户积极参与

进来。

用户都有获利需求——毕竟参与企业的营销活动，要付出时间成本——获利需求应该是大部分用户参与活动的驱动力。而现实当中，那些能为用户带来切身利益的活动，往往能调动"全民参与"的热情。

电商巨头京东在发展的过程中，采用过很多吸引用户的措施，"全民参与"便是其中的一个。京东每年的"618"店庆活动，都会大张旗鼓地推出一些吸引用户的活动，从而达到促销的目的。2014年京东"618"前夕，为了聚集更多的用户，京东推出了一项"10亿元红包全民抢"活动。

2014年对于京东来说又是收获的一年，这一年京东成功上市。为了与全民分享这一成功的喜悦，也为了吸引更多的用户，"618"店庆期间，京东首次在三大移动平台发起"10亿元红包全民抢"活动。5月31日红包活动开始后，吸引了许多用户参与，让京东的"618"店庆消息得到了迅速蔓延。

京东为了抢夺移动终端的用户，发放10亿元红包来调动移动用户的参与。这些红包可用于京东微信、京东手机QQ移动程序端、京东移动客户端。京东通过此举，主要是为了吸引移动用户来京东购物。

京东618红包领取方式很简单：活动开始时（5月31日），京东微信、手机QQ、京东客户端会出现"10亿元红包全民抢"的活动页面，用户点一下"刮一刮赢红包"，即可参与活动，人人有机会获得红包。红包共有两种：一种是普通红包；另一种是"群红包"。用户若获得普通红包，就可以在规定时间内直接抵扣现金消费，一单只能用一个红包，红包的金额分为6~18元与618元两种形式（最高金额的红包内有618元，但获得的概率很小）。"群红包"是由几个"普通红包"构成的。若用户刮开的是"群红包"，需要点击"马上分享"，当好友接受分享，用户就可以得到其中一个红包，好友也能得到其中一个红包，这就增加了用户的参与热情。

为了吸引移动终端的用户到京东购物，同一个促销活动，移动端比电脑端提早两个小时开启。比如6月7日女鞋类商品促销活动上午10点开始，而移动端的用户6月7日在上午8点就可以抢先购买自己心仪的商品。显然，移动端的用户获得了优先抢购权，更有机会抢购到物美价廉的商品。

截至活动落幕，该活动共吸引了千万个用户的踊跃参与。研究发现，"10亿元红包全民抢"活动明显拉动了京东移动端销量，近一半数量的红包订单是由新用户贡献的。

显然，"10亿元红包全面抢"活动为京东吸引了许多新用户，这些新用户拉动了京东的商品销量，让京东收获颇多。京东由此获得了一批新的移动端用户，店庆得到了声势浩大的宣传，为店庆圆满收官奠定了基础。该活动抓住了用户希望获利的心理，为用户准备了10亿元红包，并设置了抢红包、分享红包的环节。抢红包能让用户有机会迅速获得京东派发的红包，用京东移动终端购物可以直接抵扣现金。分享红包，激活了用户的关系链，促使用户与关系链中的好友互动，并把京东的活动宣传到用户的圈子中，让圈子中的用户也获得了利益。众所周知，收红包没有不高兴的，于是大家乐不可支地谈论"京东""京东购物""京东上市""京东店庆""京东红包"等话题，让京东在社交网络中得到了前所未有的曝光，提升了京东的知名度，宣传了京东的店庆信息。京东通过此活动，从移动社交网络上获得了用户、流量红利。

"10亿元红包全民抢"活动之所以能激发全民参与的热情，得益于京东抓住了用户的切身利益与心理，让用户从活动中获得了红包，从而得到了用户的认可、支持。此活动让京东在电商领域名噪一时，获得了前所未有的影响力。

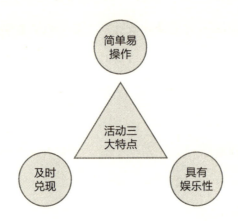

企业实施"全民参与"策略，需要设置一些活动来调动用户的参与热情。设置的活动必须具备三大特点：第一，简单易操作。活

动规则应简单，使用户看到活动页面，就能一目了然地看懂活动规则；点击醒目的按钮，就能加入活动中，惊喜地获得活动派发的红包、优惠券等。第二，具有娱乐性。活动中要有社交元素，能够被分享、转发；而且分享的过程中，用户与其朋友都能从中获得利益，这样，用户就能主动分享活动，用户的朋友也乐意加入活动中，从而让该活动在每位用户的关系链中得到扩散，吸引更多的用户参与到活动中，让企业获得用户红利。第三，及时兑现。应保证只要是符合活动条件的用户，就能及时获得奖品、红包等。比如，活动要求用户分享自己使用QQ的历史，只要用户认真写了，活动举办方就应立即赠送给用户一张优惠券。

　　企业家、创业人士要想在社交网络中获得用户、流量等红利，必须聚集用户。而采用"全民参与"策略，能够有效聚集用户。该策略的核心是掌握用户的需求，让用户获得利益；最重要的是要让用户得到实惠。如果该实惠涉及用户的切身利益，就能充分调动用户的参与热情，轻松赢取社交红利。

第四章
社交红利时代必不可少的三个要素

  企业、创业人士要想在社交红利时代打一个漂亮的胜仗，需要掌握信息、关系链、互动这三个必不可少的要素。那些依靠微博大咖、微信大号获取社交红利的人士，他们都重视这三个要素，并努力实现信息在关系链中的流动，从而为自己导入了流量、用户红利。

信息：无信息，不社交

　　信息是获取社交红利的首要环节，这可从社交红利的获取公式中一目了然地看出来。社交红利的公式为：社交红利=信息×关系链×互动。该公式用一句话来阐述就是，让信息在关系链中流动。如果我们在社交网络上发布的一条信息不能被好友关注、评论、分享、转发，那么就无法产生社交红利。在社交网络中，企业要想吸引用户、与用户互动，必须有载体，而信息就是企业与用户实现社交的载体。信息承载着企业的诉求、用户的需求，是企业与用户之间取得联系的桥梁。如果没有信息这个载体、桥梁，企业与用户之间永远都是两条平行线。所以，企业要想与用户在社交网络中产生交集，要想在社交网络中获得曝光率，切入口就是信息。

　　因此，企业生产信息就成了玩转社交网络、驱动用户社交行为的首要任务。

信息是企业、用户诉求的载体。企业把自己的品牌诉求、产品诉求制作成信息，才能让用户了解、认可，才能使企业的品牌、产品在社交网络中广而告之，服务老用户，吸引新用户。

为此，企业要重视信息的质量。一条高质量的信息对用户的吸引力远远超过千千万万条平淡无奇、索然无味的信息。三星企业的负责人深谙这一点，在与用户社交的过程中，想方设法制造高质量的信息，激发用户的社交行为，获得了很多用户的关注。比如，三星的"奥斯卡自拍"信息，就激发了用户的社交行为，引爆了各大社交网络，让三星手机获得了前所未有的影响力。

三星是奥斯卡的赞助商，2014年奥斯卡颁奖典礼上，主持人艾伦·德詹尼丝玩着一部三星手机——白色Galaxy Note 3，她不仅让各位奥斯卡明星用三星手机玩自拍，还和众奥斯卡影星一起合拍了一张自拍照，其中有大明星詹妮弗·劳伦斯、梅丽尔·斯特里普等人。这张由三星手机拍摄的"奥斯卡群星自拍照"被艾伦发到了知名的社交网站Twitter上，马上吸引来许多用户的关注、互动，获得了近300万次的转发量。这张自拍照因为集合了奥斯卡群星，被用户称为史无前例的自拍照。

尽管艾伦并没有在该自拍照信息中明确说自己使用的是三星手

机，但是通过电视看过该颁奖典礼的观众都清楚地知道，那张照片是用三星手机拍摄的——三星的产品信息就这样被高效率地传播给了用户。

追踪社交媒体网站内容的公司Kontera称，该"奥斯卡群星自拍照"令三星在社交媒体上获得了极高的曝光率，最火的时候，三星企业被用户以每分钟900次的频率提到过。如此活跃的社交动作，令其他企业望尘莫及。

"奥斯卡群星自拍照"轰动一时，受到了《华尔街日报》的关注。《华尔街日报》经过调查，发现"自拍照事件"并不是一次自发行为，而是三星营销活动的一部分，但是其取得的传播效果远远超出了三星的预期——奥斯卡主持人艾伦玩自拍只是为了节目的需要，因为三星是奥斯卡的赞助商，所以艾伦才选用三星手机玩自拍。结果出人意料，该自拍照信息令三星在社交网络中获得了充分的社交成果。

通过自拍照的形式，三星使自己的企业和产品信息获得了"病毒式"的传播，在社交网络上获得了惊喜的广告效果。三星"群星自拍照"信息，以独特的内容、原创的内容，吸引了百万个用户参与转发，令三星的品牌和产品获得了空前的曝光，一举实现了三星的营销效果。

企业要想让自己的品牌、产品在社交网络中占有一席之地，就必须持续地生产新信息，吸引用户的眼球，激发用户的社交行为。企业要想让自己的信息成为社交网络中的流动信息，成为社交网络中被大众蜂拥而上追逐的热点信息，生产高质量的信息就势在必行——生产高质量信息，是企业在社交红利时代长盛不衰的利器。

总之，企业不断优化信息的质量，就能增强企业的社交效果。

关系链：无关系，不传递

　　企业或创业人士要想在社交网络中获取红利，就需要坚定不移地打造自己的关系链。要想让自己的关系链越来越强大，就要不断地为自己关系链上的用户提供好信息，促使他们分享信息，实现信息传递——如此才能获得社交红利。

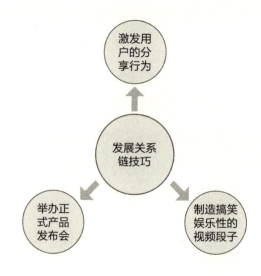

企业的信息只有得到更多用户的分享，才能传递得更远更广，关系链才会越来越强大。企业的关系链越强，越有利于信息的传递，企业越有机会获得海量用户、流量。企业促进产品信息传递，发展关系链也有一定的技巧，常用的技巧有三种，即激发用户的分享行为、制造搞笑娱乐性的视频段子、举办正式的产品发布会。

第一，激发用户的分享行为。小米路由器产品信息在传递的过程中激发了用户的分享行为，达到了产品信息传递的目的，增强了小米的关系链。

小米科技推出了路由器产品，定位为发烧友的"玩具"。公测过程中，小米招募公测用户，最后从众多的申请者中挑选了一批公测人员。小米之所以筛选申请者，是想让真正的发烧友获得公测版机器。发烧友仅需花费一元钱，就可以获得价值1 000多元且包装精美的公测路由器，而小米则可以获得有价值的产品建议。小米为了让自己的新产品得到大范围的传递，进行了大胆的创新，鼓励用户自己组装路由器。用户亲自动手组装路由器正体现了小米的"极客"精神，这种方式，能够让用户身临其境地感受产品的品质。当发烧友亲身体验了小米的路由器，就会得到真实的使用体验、了解产品的质量优劣，他们多会兴奋地把自己组装过程的视频"晒"到微博、微信、QQ空间等社交网络中，还与朋友比组装速度，并将自己的真实体验以及对产品质量的看法，在各个社交平台上进行"吐槽"，吸引更多用户的关注和分享。

经过三次公测，小米的路由器正式面市。仅第一天就获得380万个用户的预约购买。进入开放购买阶段，小米首批10万台产品，在短短的59秒内就被用户抢完了。

小米路由器产品销售火爆，得益于小米与发烧友的共同努力。小米企业对产品的品质进行严格把关，努力提供用户体验，激发了发烧友的分享行为。当发烧友在社交网络中"晒"自己的组装视频，又会吸引他们的好友和其他的米粉参与进来。借助关系链的力量，小米路由器的产品信息得到广泛传递，特别是让产品的品质信息深入用户心中。

小米路由器的成功发售，无不体现着"关系链"的社交要素——只要你有了自己的关系链，就能够实现产品信息的轻松传递。而广泛的传递，又反作用于关系链，为企业吸引更多的新用户，有利于发展新关系，让企业的关系链越来越强大。

第二，制造搞笑娱乐性的视频段子。很多互联网人士都表示，互联网是眼球经济，只要能吸引用户的眼球，就能累积社交红利，就有机会让社交红利聚沙成塔。那些搞笑的段子、视频，往往能获得用户的点击，让用户轻松一笑。笑过之余，有些用户就会把它分享到自己的微博中、微信上、QQ空间上，这些信息便有了机会传递。用户的每个圈子中只要有部分用户分享了它，搞笑的视频或段子的扩散范围就会越来越大，传递的范围也越来越广泛。

比如，小米敢于自嘲自己的手机不能砸核桃，但是强调自己的手机包装盒好，连胖子站上去都踩不坏。很多发烧友都不敢相信，于是，小米手机1的第一批公测用户在收到公测机器后，纷纷亲自测试手机包装盒的质量，结果证明其包装盒确实可以承受一个人的重量。公测用户还测试了其他品牌手机的包装盒，结果它们都承受不了一个人的体重。公测用户还把自己测试过程的视频分享到社交网络中，吸引了其他用户来分享，于是传递了小米的产品品质，发展了小米的关系链。

第三，举办正式产品发布会。如著名的苹果手机，主要就是靠这种方式来传递产品信息，发展自己的关系链。

这三种发展关系链、传递信息的技巧，企业如果可以根据需求灵活选用、组合，就会源源不断地获得用户、流量，从而达到令人惊喜的推广效果。

互动：无互动，无红利

互动是社交红利的第三要素，更是汇聚社交红利的关键动作。互动是促进信息流动的源源不断的动力，能促进关系链发展。如果把社交红利比作一个生物，那么信息便是肉，关系链相当于骨，互动相当于血液。互动就像血液一样具有流动性，促进了信息流动，把信息推送到用户面前。信息、关系链、互动是企业获取社交红利必不可少的要素，它们在社交中各自发挥着不同作用。互动是获取社交红利的细微动作、持续动作，互动越活跃，这种细微动作所汇聚的社交红利越丰厚；反之，企业发出的信息若不能推动关系链上的用户互动，就无法获取社交红利。

随着社交网络的蓬勃发展、微博微信等社交工具的普及，越来越多的企业、创业人士认识到，在社交红利时代，无互动就无红利。很多创业人士用微博、微信大号持续地与用户互动，出人意料地获得了丰厚的社交红利。

企业、创业人士要想通过互动满足用户社交需求，就要持续地与用户互动，且进行的是有价值的互动。

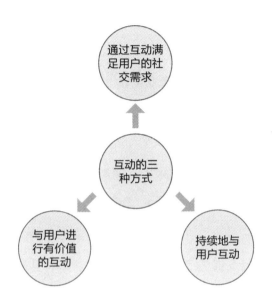

第一，通过互动满足用户的社交需求。社交网络中的每位用户都有社交的需求，每位发布信息的用户都想和别的用户互动。每次互动，对于用户来说都是一次激励——激励他们创造内容更好的信息。很多企业抓住用户的社交需求，主动邀请用户参与企业产品、品牌、研发等方面的互动，从而让自己的企业、产品信息在粉丝关系链中流动起来，让信息的生命力越来越强，让企业的品牌、产品信息获得广泛传播。例如乐纯酸奶，为了满足用户与研发人员的社交需求，在产品研发的过程中，会主动邀请自己微博上的一些粉丝免费品尝酸奶，然后就产品的口味与粉丝积极互动，获得很多有价值的建议，并按照用户的反馈及时改进产品口味……直到产品被大部分粉丝认可，才正式投入生产。借此，"乐纯"既发展了企业的用户关系链，又提高了产品的品质。

第二，持续地与用户互动。持久互动，可见红利。很多互联网的创业人士就是通过持续地与用户互动，获得了丰厚的社交红利，有的甚至成了互联网的明星企业家。

铮铮是一名珠宝玩家、钟表收藏家，并开了一家钟表淘宝店。他经常在微博上发布自己对珠宝、钟表的鉴别心得。时间久了，他竟成了自己圈子中的珠宝、钟表"专家"。好友需要购买钟表、珠宝时，都会先请教他，有的好友甚至直接请他代购，而他也会热心地提供帮助。好友买到了满意的商品，便在微博上留言感谢他，这样又吸引了很多陌生用户来咨询、互动，对此他总是积极回应、解答，于是粉丝越来越多。过了几个月，他的淘宝店的订单数大幅增加，而且他发现新增的买家都来自微博。

不难看出，铮铮在微博上持续地与用户互动，树立了良好的口碑，产生了社交红利，为他的淘宝店"导入"了用户。铮铮爱好珠宝、钟表，拥有珠宝、钟表的鉴别经验，关注珠宝、钟表的流行时尚资讯，在他的好友圈，他俨然是这方面的专家。铮铮不仅与他的好友分享珠宝、手表的经验、资讯，还在自己的微博上积极与用户互动，得到了很多用户的认可。这些用户有这方面的需求时，都来与他交流互动，他热心地回复，积极地互动，自然也就获得了成就感。所谓"无心插柳柳成荫"，他根本就没有想到，自己无意间和用户的自然互动，为自己累积了用户、口碑、收入等社交红利。

社交网络中蕴含着巨大的红利宝藏，但是你需要不断地"开采"才能获取，而持续地与用户互动，就是其中的一种"开采"方式。熟练掌握这一方式，会让你事半功倍地获得丰厚的社交红利。

第三，与用户进行有价值的互动。互动能够不断完善信息，激发出更有价值的信息，延长信息的生命周期，吸引用户关注、评论，强化关系链。另外，那些持续关注你的用户，就会成为你的粉丝，支持你、保护你。

互联网前沿网站虎嗅网的负责人虎嗅君，深谙社交网络的快节奏规律。他知道：用户越来越忙，要想让用户在消息上停留较长时间，让其肯花时间来互动，就需要想对策。经过深思熟虑，他认为与其花很多时间与用户进行不痛不痒的互动，还不如花一定的时间与用户进行一次有深度、有价值的互动。于是，虎嗅君提高了信息内容的质量，吸引了更多的新用户来网站浏览网页、评论信息，让虎嗅网获得了用户、流量方面的双重红利。

虎嗅君曾经在网站上发出过一条"欢迎各位同学来虎嗅网当实习生"的信息，关注互联网技术的热情的学子们立刻纷纷报名参与，很快虎嗅网就获得了三名实习生。正是依靠平时与大家的互动，虎嗅网汇聚了一批兴趣用户、专业用户，从而提高了虎嗅网的人才招聘效率，降低了虎嗅网的招聘成本。虎嗅君还曾经邀请用户参与"欢迎产品经理为虎嗅网添砖加瓦！"的话题活动，马上便获得了一直关注该网站的用户的回复："为了虎嗅君的精彩未来疯言疯语一番。"虎嗅君表示，他期望与用户互动，互动中可以与用户碰撞出思想的火花，可以获得独特的见解、有价值的建议，有助于自己修正、升华信息的内容，让网站发布更有价值的信息，从而为网站带来越来越多的用户红利。虎嗅君还积极鼓励用户互动。当他听说很多用户都有"早上一到办公室就来虎嗅网浏览新闻目录"的习惯时，他非常欣慰，并鼓励用户趁热打铁，把自己的阅读感受写下来，以吸引更多的用户来交流、评论。虎嗅君还强调，欢迎用户进行有价值的交流、互动，拒绝被用户拿钱捧。

众所周知，虎嗅网在科技、互联网界拥有很高的知名度和很大的话语权。虎嗅网上发布的每一条信息，都会激发用户的互动，这些细微的互动，为虎嗅网带来了流量和用户红利，让虎嗅网在多如牛毛的网站中一枝独秀。互动，让用户记住了虎嗅网。用户只要想了解科技、互联网方面的知识，就会打开虎嗅网，虎嗅网的好信息不断地吸引用户，虎嗅君的互动粘住了用户，让用户越来越依赖、越来越信任网站，成了虎嗅网的忠实用户。这些忠实的用户通过分享，从其他的社交网络中为虎嗅网"导入"了用户、流量。最终，互动让虎嗅网获得了由专业用户贡献的高质量内容，吸引了更多的用户关注、评论，汇聚了流量红利，获得了更多有价值的信息，提升了自身的价值。

企业、创业人士与用户就产品研发、产品生产等信息进行活跃的互动，这样可以满足用户的参与需求、社交需求，还可以获得来自用户的有价值的建议，不断优化产品。邀请用户参与企业相关话题的互动，企业的相关信息就能在用户的口口相传中流动，形成口碑效应，实现"病毒式"的传播；企业、创业人士在微博、微信上经常与用户互动，就有机会获得数量庞大的粉丝，成为微博红人、微信大号，汇聚更多的社交红利，成为社交红利时代的大赢家。

第五章
用好信息，就能凝聚人气

在社交网络中，一个账号的粉丝数量与粉丝互动次数和人气成正比，那些人气高的企业账号、名人账号，持续地生产好信息，往往能汇聚数量庞大的用户，凝聚超高的人气。许多微博大号、微信大号用成功的营销案例告诉我们：用好信息，就能汇聚人气。

找到最受用户欢迎的信息

　　信息是社交网络的基础，就像万丈高楼的地基，没有地基，建筑物就成了空中楼阁，就无法拔地而起；没有信息，社交网络就是一潭臭水，无法养鱼获利。企业要想在社交网络中游刃有余地发展，获得爆棚的人气，就需要潜心研究信息，找到最受用户欢迎的信息。

　　众所周知，社交网络中每天都会产生难以计数的信息，旧信息要是没有人回复、补充，就会瞬间被新产生的信息覆盖；社交网络中，每一秒都会产出许多信息，旧信息不断被新信息覆盖，导致信息的生命周期越来越短。越来越多的单一信息如潮水般涌入社交网络中，尤其是微博，当用户的数量达到一定规模，当信息的数量达到一定规模，微博用户对信息的要求就会提高。只有个性化的信息、发展变化的信息才能吸引用户的眼球，才能受到用户的欢迎，才能激发用户去关注、点赞、评论等。同时，研究者还发现，再精彩、再有创意的信息，在被无数人转发之后，其中的趣味也终究会被耗尽，对用户的吸引力也会快速消失。

微博上，曾经疯狂传播一个有趣的关于"两会"的段子。用户吐槽："上午坐在电视前看'两会'，一推销员打来电话，我想教育他一番，就接通了电话，将电话放在电视跟前，一直没有说话。过了几分钟，推销员战战兢兢地问：'您正在人民大会堂吗？'我低声地说：'是。'推销员立即低声地说：'对不起，首长，打扰您了。'"于是每逢"两会"，总有人把这个段子发布在自己的微博上与自己的好友娱乐。但是到了后来，这个段子的吸引力已经大打折扣，大多数用户对它视而不见。

那些雷同的信息，不管你每天发多少条，它在社交网络中都激不起一点涟漪，得不到较多用户的关注与欢迎。

一家拥有大量用户的互联网公司，在自己的网络平台上策划了一项活动。活动的信息内容为："我在参加一个产品推广活动，分享该活动的用户有机会获得iPhone、iPad等大奖！你还犹豫什么？快来参加吧！"文案下方还附有图片与链接。企业激励参与的用户把此活动的消息分享到微博上，最后成功引导用户在微博上发布了150万条该信息。但活动结束后，该公司从微博上带来的回流却不足1万元，与参与的用户量相比，这1万元几乎可以忽略不计，可见这家企业获取新用户的效果很不理想。

经过研究发现，社交网络中的信息容易腐朽，生命周期短。发布相同信息的用户数量越大，获取新用户的效果就越差。雷同的信息无法使企业自身的品牌、力量、销售的需求实现转化，因此在社交网络中并不受用户欢迎。

企业、创业人士对用户最欢迎的信息梦寐以求。业内人士经过研究发现，最受用户欢迎的信息，具备以下两个特征：第一，个性分享和创造；第二，简单实用，富有人情味。

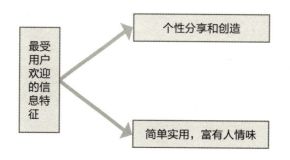

第一，个性分享和创造。社交网络中的很多国民级别的应用、爆料热点信息，都具有个性分享和创造的特征。社交应用"飞机大战"中，每一位用户分享出来的截图信息，都是独一无二的，都充满了个性，都是一次个性创造。每一张图都能吸引用户的眼球，从而受到用户的欢迎，吸引很多新用户去玩"飞机大战"，因此"飞机大战"也就迅速发展成了国民大众的社交应用。

"飞机大战"是一款操作简单的社交游戏，用户需一边点击并移动自己的飞机，一边留神其他迎面而来的飞机，避免被撞到；同时，用户通过找机会击落其他小飞机来赢取分数。一旦用户的飞机被其他小飞机撞到，游戏便会终止，此时用户"飞机大战"的分数也会显示出来。

许多用户在玩"飞机大战"时，系统都会生成很多精彩瞬间、个性化的场景，用户往往会情不自禁地将精彩瞬间截图，分享到自己的微博、微信上，吸引别的用户关注、回复。这些"飞机大战"的个性截图，令社交网络中的用户百看不厌，并且让还没玩过这款游戏的用户喜欢上了"飞机大战"这一社交游戏。用户的个性截图、不断更新的排名、好友之间PK的场景等成为最受用户欢迎的信息。"飞机大战"在社交网络中持续升温，形成了"飞机大战"热潮，给服务商带来了丰厚的社交红利。

"飞机大战"的很多玩家都在微博、微信上贴出了自己的"飞机大战"战绩，例如网友"烟柳若"在与身边的人交流战绩时曾开心地"吐槽"："我的同事都玩'飞机大战'，我的得分目前遥遥领先，呵呵，我是不是很厉害？……"

每一位玩家都积极地在微博上"晒"出自己个性化的截图、独特的体验信息。这些图片、文字凭借个性化特征成为各社交网络中最受用户欢迎的信息，持续不断地吸引着新用户的参与，让"飞机大战"迅速成为全民社交游戏。一时间，谁不玩"飞机大战"游戏，谁就落伍了。"飞机大战"成了像开心农场那样风靡社交网络的国民级应用。正是参与该社交游戏的用户创造了个性化的场景，激发了他们截图分享的行为，而这些个性化的游戏截图牢牢吸引着社交网络上用户的眼球，成为用户最欢迎的信息。这些个性化的截图信息更让"飞机大战"实现了空前的传播，让应用商获得了源源不断的社交红利。

第二，简单实用，富有人情味。纵观那些引爆互联网的热点信息，它们首先简单实用，才能激发用户的关注、互动；同时，往往还富有人情味，善于用情感来打动用户。研究人员发现，很多案例中，"我喜欢"这样的简单信息，往往能激发出一连串的互动。信息简单实用，特别是富有情感，就能获得更长的生命周期，实现较高的转化率。

"蚂蜂窝"负责人多次编辑一个产品文案信息，他发现，融入情感的信息比没有情感的信息的转化率高出很多。

"蚂蜂窝"在微博上为正在准备外出旅游的用户提供垂直服务，主要是旅游攻略的内容。众所周知，旅游需要安排好出行前、出行中、出行后三个阶段的准备工作，会涉及很多事情。比如，用户出行前，焦点主要集中在机票预订、酒店预订、租车和攻略准备，其中攻略准备的服务受外在因素影响比较小。"蚂蜂窝"便整理出最实用的"攻略准备"内容，并在微博上为用户提供此内容，希望获得更多用户。"蚂蜂窝"还在微博上增加了分享活动，公布了企业官方账号和索取服务的方式。

"蚂蜂窝"为用户提供攻略准备的服务，在微博文案的写作上，进行了三次尝试。

第一次，"蚂蜂窝"按照自己的理念拟写了一条标准文案："亲，'蚂蜂窝'的第【1 000 000】位用户，像您一样喜欢【桂林】的旅游，这里有众多旅游归来的用户精彩的旅游攻略，点击查看……"方括号中的数字和地名可以方便企业随时调整文案。显然，这是以企业为出发点，而不是以用户为出发点，用户根本就感觉不到企业的贴心。结果该文案只吸引了3.7%的用户点击链接浏览网站，给网站带来的用户转化率很低。

过了两天，工作人员修改了一下这条标准文案，信息的语气变得柔和了一些，结果有22%的用户点击链接浏览网站。

工作人员发现文案与转化率之间似乎存在着某种联系，于是充满期待地，他们第三次对文案内容进行了编辑。文案的第三次编辑中，工作人员放弃了原来的文案，重新精心拟写了以下三条：

第一条：我也即将去桂林，景点、交通、住宿、美食轻松解决，这儿的信息帮了我大忙，热心推荐（附有链接）。

第二条：到桂林，你做好攻略了吗？如果你还没有做好攻略，请在这里找（附有链接），我去桂林的时候就在这里找的，吃、住、行，全都有！

第三条：去桂林旅游，吃、住、行都难不倒我，因为我在这里找到了最实用、最全面的桂林旅游攻略（附有链接）。

这三条文案信息，于同一天发布在了微博上。当天，工作人员统计了这三条信息的转化率。其中第一条、第二条信息吸引了60%以上的用户点击链接浏览网页；而第三条信息，只吸引了约7%的用户。

我们可以发现这三条信息间的差异：第三条信息，只是普通的推荐，这样的信息在社交网络中一捡一箩筐，真实性大打折扣。而前两条信息，具有真实感，让用户产生了信赖感，能引起用户的情感共鸣，从而让用户觉得信息既实用，又具有人情味；既为将要去桂林的用户提供了帮助，又让他们产生了安全感，使其完全赶走了内心中去陌生地方时的不安。

企业在微博、微信、QQ空间等社交网络上发布信息的时候，若能抓住这两个特征，努力让信息充满个性，且让信息实用、富有人情味，那么就会受到用户的欢迎，增强信息的生命力，让企业在社交网络中获得较持久的曝光。

最受用户欢迎的信息可以归纳为三类，即利益、娱乐、情感。第一类，利益类信息，其内容是关于企业的打折活动、有奖活动的，用户关注信息、参与活动，可以获得直接的折扣、优惠券、小礼物等。第二类，娱乐类信息，就是能令用户开怀大笑、放松的信息，比如冷笑话、八卦新闻等。第三类，情感类信息，就是或饱含爱心或激起人们公愤的信息。如那些关于公益活动的信息、曝光社会违法败类的信息，等等。如果企业能发布这样的信息，并与用户互动，就能吸引更多的用户关注，获得用户红利。

企业要吸引用户，找到那些最受用户关注的信息，无疑能实现事半功倍的效果。企业可以亲自编辑个性化、实用而富有人情味的信息，也可以从已经存在的利益、娱乐、情感类的信息切入，把企业的诉求载入最受用户欢迎的信息里。这样，企业就能迅速获得用户的好感，迅速成长为社交网络中的领袖"人物"，并有机会分享到令人钦羡的社交红利。

流动的不是单纯的信息，是情感

熟悉社交网络的人们会发现，有的信息不流动，有的信息流动得很慢，有的信息流动得很快。可见，信息是可以做到快速流动的。而企业发布信息，最高的目标就是实现信息的快速流动。但是，实践当中往往事与愿违，企业发出的很多信息，在社交网络中犹如石沉大海，一去便杳无音信；偶尔有条信息流动起来，工作人员就会备受激励。可见，流动的信息，对于企业来说具有不可估量的价值。

企业对高速流动的信息需求迫切，但究竟什么样的信息才能快速流动？业内人士发现，社交网络中，流动的不是单纯的信息，而是情感。那些富有情感的信息，在社交网络中往往能获得更多用户的关注、回复，从而流动起来，流向每一位社交网络用户，为企业带来数量庞大的用户回流。那些流动缓慢、不流动的信息，恰恰是缺少了情感元素，因为没有人愿意和一个无情感的机器人互动。

社交网络QQ空间、微博、微信上，用户会抒发情感，倾诉遭遇，分享喜悦，这些"无聊"的信息为什么如此受用户欢迎，能快速流动起来？因为这些信息是原创的、新鲜的、富有情感的。

持续地观察社交网络中的信息，你会发现，具有幽默感、富娱乐性、情感充沛的信息最受用户欢迎，往往会流动起来，彰显出生命力。

业内人士研究发现，含有朴素情感、好奇心、自娱等因素的信息，在社交网络中具有很强的吸引力，能够得到许多用户的关注、评论、点赞，迅速流动起来。

第一，朴素的情感。朴素的情感主要包括"博爱"和"侠义之心"，是推动信息流动的可识别动力。

当用户看到对人们有危害的、不利的事物等，往往会产生博爱之心，立即将其转发给自己的好友、家人，提醒他们避免受到伤害。如用户在QQ空间看到"最新偷窃方式"，就会把它分享给自己的好友，希望能提醒自己所认识的人有意识地防范。当用户在微博上看到"寻找丢失的小孩，帮忙转发"，就会产生怜悯之心，不假思索地将其转发到自己的微博、QQ群、人人网、微信，并会附上："您的举手之劳，会让丢失的孩子快速找到家！"这样的信息往往能吸引用户的眼球，获得用户的转发、回复，从而推动信息在社交网络中快速流动。

当用户看到需要帮助的人，就会产生"侠义之心"，愿尽绵薄之力，主动帮忙转发。热点事件之所以会成为热点，大部分是"侠义之心"在起作用。比如在偶遇突发的小事故时，某些具有"侠义之心"的旁观者会"施以援手"，用自己的手机录下视频，为社会上的"弱者"打抱不平，让受伤的人获得讨回公道的机会。还有一种，就是直接出手相助，比如在微博上就发生过很多网友帮农民解决滞销农产品的热点事件。

2013年，陕西榆林市一村庄的红枣严重滞销，当地农工部的所有成员聚在一起商议对策，爱玩微博的共青团陕西省委农工部部长魏延安提议把此消息发在微博上，求全国各地的群众出手相助，这个想法得到了大家的赞同。魏延安于是把此信息发在了微博上。20天内，此信息共获得了50万次的阅读量，2 900多次的转发评论，很多网友回复"请有能力的人帮助"。最后吸引来20多家企业前来洽谈红枣生意，使30吨红枣达成了销售协议，还在淘宝上销售掉了3万吨，从而避免了红枣因天气变暖而被浪费掉，也挽回了农民的损失。

该事件中，参与的微博用户，出于侠义之心，施以援助之手，积极帮助转发，积极呼吁群众、企业家购买，推动了信息的流动，让红枣滞销的信息得到广泛传播。

热点事件中，用户的"侠义之心"，激发了他们转发、评论、点赞等行为，是促进信息传播的主要动力。

第二，好奇心。信息的流动，还与人们的好奇心有关。那些能抓住人们好奇心的信息，就会立刻被用户分享。比如那些八卦信息，之所以总能令人津津乐道，正是因为它们抓住了用户的好奇心。

第三，自娱。如微信春节抢红包活动，人们之所以参与，是因为它是一个轻松的娱乐活动，可以打发人们的闲暇时间。自娱的信息，之所以能激发用户的互动，是因为它满足了用户的参与感和存在感。

那些热点事件，那些置于论坛顶部的信息，那些热议的话题，无不是富有情感的信息，无不能激发用户情感、引起用户共鸣，促使用户互动，所以当然也就实现了接力赛跑般的传递，迅速流动起来。总之，在社交网络中，流动的不是单纯的消息，而是情感。情感是信息的生命力，富有情感的信息更能吸引用户，激发用户进行互动。吸引众多用户互动的信息，情感的分量也更重，所以才能在社交网络中循环往复地流动。

一定要搞清楚信息的四种作用

社交网络用户都知道信息承载着企业的诉求、用户的诉求。无论是企业还是用户，他们并不是为了发送信息而制造信息，而是为了一些其他目的——有的是为了宣传企业，有的是为了推广产品，等等。可见，企业、用户制造信息是一种达成目标的途径。

研究者长期观察微信公众号的内容，发现用户发信息有以下目的：

有的信息发布者发布完信息后，会直白地表达自己的社交意愿："如果你喜欢我们的信息，请点击'分享到朋友圈'按钮；关注我们的信息请直接扫描二维码，也可以点击手机右上角按钮'查看公众账号'。"有的用户会把信息制成精美的图片，并附上生动的文字；有的用户会在信息里叙述详细的信息制作步骤；还有的用户的信息由风趣的语言组成。但不管用户用什么样的形式来表现信息内

120

容，他们的目的都是一样的，那就是留住用户，如同微博上互推内容的账号常常会对用户说"喜欢就收听吧"，其实都是一个道理。

显而易见，信息发布者的目的是让用户转发信息、传递信息，吸引用户关注，吸引用户购买。企业、创业人士发信息也不外乎这四种目的。企业、创业人士发信息，是为了获得高质量的转发互动，给自己的产品、品牌带来口碑，以吸引更多的目标用户关注，从而达到吸引众多用户点击链接下载或购买商品的目的。简言之，企业发信息是为了求转发，求扩散，求听众，求粉丝，求订阅，求点击，求购买。由此可以归纳总结出信息的四个作用，即：带来高质量的转发互动、带来口碑、吸引目标用户群体（获得更多粉丝）、吸引用户点击链接或购买。

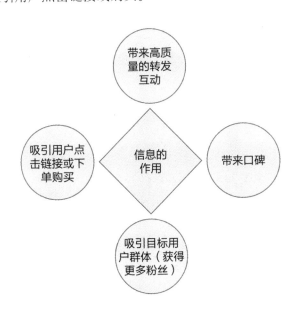

第一，带来高质量的转发互动。信息承载着信息发布者（往往是企业）求转发的诉求。企业刚刚建立自己的官方微博账号、微信公众账号时，首要的目标就是把自己的账号推送到更多的用户面前，而要想达到这一目标，企业就要通过发布信息来吸引用户互动、转发。当消息承载了企业互动、转发的诉求时，企业必须做到信息真实，而且，要想办法把转发、互动聚集在一条信息上；企业也可以统计用户对某一热点的评价、需求，然后将它们聚拢在一起，为用户提供便捷的阅读服务。这往往能引发用户的转发行为，达成企业的目标。

小米手机2上市前夕，小米公司为了让更多的用户知道小米手机2的销售日期、销售渠道，提前在小米手机微博上发布了一条信息——"新浪微博社会化网购首单"，信息的详细内容是"新浪微博社会化网购首单，5万台'小米手机2'微博专场，（2012年）12月21日中午12点准时开售，2G大内存、新一代背照式相机、四核手机，仅售1 999元。现在起至20日，关注@小米手机，转发@好友，每天10：00—20：00，每2小时送出2台'米2'。微博预约（附有链接）。"该信息获得了三股势力的推动，即"小米军团""草根大号军团""新浪军团"，最终实现"开门红"——

在12天内，该微博共获得了260万次的转发量，约150万名用户参与了转发，达到了5亿人次的覆盖效果，网站链接也获得了超过30万次的点击量。

通过以上举措，小米公司把小米手机2的开卖信息传播给了更多的用户，让小米手机2获得了令人满意的宣传效果。小米手机2的信息是真实的，配置、价格都是真实的，送手机也是真实的，有需要的用户会立即点击链接，查看详情，一旦觉得物美价廉就会转发这条信息，让自己的好友了解，希望自己的好友也能受益。而喜欢该手机的人，就会立即参与互动，了解更多的手机详情，使得该信息充分地流动起来。由此，小米手机2成为社交网络上越来越火的话题，吸引越来越多的用户转发互动，从而让小米手机2的信息得以大范围、高速度地传播。

企业要想实现信息的转发、互动，真实、高质量的信息是实现该目标的一种途径。有的账号，还会直接鼓励用户转发自己的信息，比如"转发送礼物""转发送红包""转发送优惠券"等，这也是实现目标的一种不错的方式。

业内人士通过长期的研究发现，高转发、高互动的信息具有这样三个特征，即有用、好玩、具有朴素情感。首先，有用，即我们常常说的"干货"，是用户转发信息、参与互动的最大动力。其次，好玩，就是要有娱乐性、趣味性，能让人精神放松、心情愉悦。微博、微信之所以能成为两大社交工具，就是因为微博、微信能够让用户精神放松、心情愉悦。最后，具有朴素情感。那些能激发人们爱心、侠义之心，能引起人们情感共鸣的信息，是吸引用户转发的又一大动力。单条的信息若具备了这三种特征，就能在社交网络中实现迅速流动。

第二，带来口碑。社交网络降低了信息扩散的成本，还大幅提高了信息的扩散速度，其最大的一个优点是，拉近了人们的距离，让人们的交流变得前所未有的便捷。社交网络能让企业的好事情传千里，也能让企业的公关危机变得难以掌控、难以处理，以至于企业越来越不得不争分夺秒。要想让信息给企业带来口碑，就要让信息最大化地扩散。信息扩散与信息转发不同，在信息扩散中，用户是信息的创造者，用户评论企业的品牌、"晒"自己对某一产品的体验、对某一事件发表自己的看法后，才会产生口碑，影响潜在用户的认识、浏览、观看、收听、购买等行为。如，综艺节目《爸爸去哪儿》播出之初很"低调"，后来那些看过该节目的用户，纷纷在自己的微博、微信上拍手叫好，吸引尚未观看该节目的人主动观看该节目，让该节目迅速蹿红，最终成为全民娱乐节目。

第三，吸引目标用户群体。对于企业来说，求转发、求扩散是比较低的目标，更高的目标是吸引目标用户群体，把目标用户转化成粉丝。众所周知，在互联网中，粉丝往往是"愿意为你掏钱"的用户。有了一定数量的粉丝，你就拥有了市场，就会获得源源不断的经济收益。为此，企业、创业人士想方设法聚集目标用户，为自己的商业梦想打基础。聚集目标用户可通过互相推荐的方式。由于微博、微信账号起初都会经历用户少的困境，于是很多账号就采用新的方式来突破这一困境，如某汽车租赁公司的公众账号说："外出办事，提前预约租车，省时省钱……如想了解更多省钱租车技巧，请加A账号！"很多公众账号为了实现增加粉丝这一共同目标，甚至会结成自媒体联盟，成员之间互相推荐账号。这个过程中，简单直白的表达更容易吸引到目标用户。如某企业想让用户加它的微信公众号，就会在信息的结尾，直截了当地说："还等什么？快快加我！"有时这种表达会获得出乎意料的粉丝转化效果。

第四，吸引用户点击链接或下单购买。这是企业发布信息想要实现的最高目标。用户购买了企业的产品，犹如篮子里的鸡蛋——飞不走了，企业的社交红利看得见、摸得着，这一次商业活动企业才算是完成了。企业在吸引用户购买的过程中，要不遗余力地引导用户完成点击、下载、购买等动作。企业吸引用户点击购买，与吸引目标用户类似，但两者最大的不同在于前者是通过优质的内容实现转化（把阅读、评论的用户转化成了购买用户），让用户从信息页直接跳到购买页，让停留在信息页上的用户人数变少。不过此作用的弊端是把用户从信息中带走了，不利于信息流动。

以吸引用户点击链接或下单购买为诉求的信息有三个主要特征：首先，它有直接"击中"用户需求、极具诱惑力的内容摘要。其次，它具有有强烈视觉冲击力的图片。最后，它具有有号召力的引导词，如"猛戳""速来"等。这样的信息，会帮助企业快速实现求点击链接、求下载、求购买的诉求。

信息的每一种作用，都有一定的特征。在企业实现信息转发、互动的过程中，企业创造信息，信息严肃，数量少而精，且企业具有很大的发言权；而在企业实现信息扩散的过程中，信息的制造者主要是用户，用户的话语权具有很重的分量和很大的影响力，此时用户制造的信息已产生口碑效应，直接决定着企业的品牌得分。企业在实现借信息增加粉丝的过程中，自身起着主导作用，这时要善于通过简单明确的引导，将用户转化成粉丝。但企业在借信息吸引用户购买的过程中，把用户从信息中带走了，致使信息的流动效果很差。因此企业在使用信息的过程中，不能把多种诉求寄托在一条信息上，贪大求全，这样只会是"竹篮打水一场空"。最好是让一条信息承载着一个诉求。换句话说，如果你想让这条信息的转发效果最大化，就不要再奢求它帮你增加粉丝；如果你想让一条信息能引得顾客点击购买，就不要再奢求它扩散，形成口碑效应。

企业、创业者在实践当中，若能结合自己的诉求以及想要达成的目标，精心选择相应的信息，就会最大限度地发挥信息的作用，获得惊喜连连的转发效果、扩散效果、粉丝效果和购买效果。

建立信任，才能让信息承载更多的诉求

信息是社交网络的基础，大部分信息起初只能承载一个企业诉求，也有的信息在发展的过程中逐渐承载了更多的企业诉求。业内人士通过观察发现，这样的信息在流动的过程中帮助企业扩大了影响力，增加了用户对企业品牌的信赖，从而既能帮助企业获得高转发量，又能帮助企业实现信息的大范围传播；既能帮助企业增加粉丝，又能促使用户购买。一旦企业发出的信息在用户之间建立了信任，企业就有机会让信息承载更多的诉求。

众所周知，社交网络建立在用户与用户信任关系的基础上，如果用户之间一点儿信任也没有，社交网络就难以存活。用户之间的信任是通过信息建立起来的，正是信息让用户之间产生了信任，让企业与用户之间产生了信任，从而形成关系链，扩大了单条信息的作用，让企业凭借单条信息就可以实现多种诉求。为此，有人精辟地说："社交网络中，流动的消息是信任的传递。"

通过观察众多的微博、微信营销案例，可以发现，企业建立的用户关系信任度越高，口碑就会越好，吸引的用户就越多。所以企业通过发布活动信息，吸引目标用户关注生产企业、品牌信息，这样不仅可以传播企业的信息，而且能增加用户对品牌的信任，从而让企业与用户、用户与用户之间建立信任。

纵观早期玩微博的人，他们如今有的已经成为微博红人、微博大咖，可以参与微博营销获取分成，从而分享社交红利。随着微信的盛行，很多爱玩微信的个人，也纷纷在自己的朋友圈寻找商机，开微店，赚熟人的钱，生意红红火火。他们之所以能获得社交红利，是因为他们通过持久地与用户、好友进行信息交流，建立了信任，在用户心目中树立了诚信形象。他们通过持续的信息生产，与用户建立起了信任关系，让用户与用户之间也产生了信任，从而形成了关系链。拥有了基于信任的关系链，就能进一步促进信息的流动，增强信息的承载力，让企业凭借单条信息实现更多诉求变为可能。

那些利用微博、微信持续与用户交流信息的企业、创业者，有不少都赚到了丰厚的利润。他们通过信息与用户建立了信任，获得了用户的认可。比如，在微信上，一个名为"经典绘本"的订阅号通过持续地与用户进行新消息的交流，为其微店带来了可观的收入。

"经典绘本"是微信上的一个垂直细分账号，账号的主人就是微店老板。该微信账号自开通以来，一直向用户发布高质量的绘本内容、育儿内容等信息，吸引了很多的用户关注。一年间，该微信账号通过持续地同用户分享绘本和亲子教育信息，吸引了超过3万名的目标用户，即忠实粉丝。

当"经典绘本"拥有3万名粉丝的时候，就迈进了微信大号的行列，具备了超强的营销力。"经典绘本"申请了微信认证，申请了微店，还开通了微信菜单，把自己的微店设置在自定义菜单上最醒目的地方。其制作的商品介绍图，展现了超强的营销力，商品介绍页就像淘宝里的宝贝销售页一样具有吸引力。这样微店就能获得订阅号推送的图文信息支持，再加上微店本身有详细的商品说明，老板只要促销，每次都能轻而易举接到上百个订单。"经典绘本"把自己拟人化，在微信上自称"哈爸""哼妈"，向用户推送亲子教育信息、回复用户的亲子问题，拉近了与用户的距离，用户与其交流时，感觉很亲切。"哈爸""哼妈"了解到家长们都注重教育子女和关爱孩子，于是，根据用户的这一需求精心制作了充满趣味的教育图书以及其他图文并茂的文化内容，吸引了许多家长围观、互动。

于是，当"经典绘本"的微店第一次销售155元/套的绘本时，他们在早晨通过微信公众号向用户们发布了商品信息："亲，可以到自定义菜单的微店团购价值155元的成套绘本，超值不容错过哦！"结果当天该微店就实现了33 152.5元的营业额。

"经典绘本"通过持续地与用户交流亲子教育内容消息，通过向用户推送高质量的绘本内容，与用户之间逐渐建立起了信任。其在短短的一年时间里就积累了超过3万名的目标用户，这些目标用户之所以长期保持关注，与其互动，就是因为信任。众所周知，有了精准的目标用户，就有了精准的流量。该微信有了精准的目标用户，要实现精准的流量便易如反掌。"经典绘本"的微店开通后，微信订阅号的流量会轻松导入微店，用户看到"经典绘本"订阅号推送的亲子教育类图文信息都会认真地阅读，因为这些信息正是广大父母梦寐以求的，它们一经发布，总能引起广大父母的共鸣，并让广大父母获得归宿感、信任感。最终，"经典绘本"的订阅号信息为其微店带来了丰厚的收益。"经典绘本"发布的信息，不断加强着用户的信任，它不仅能为其订阅号吸引来粉丝，还能给其微店产品做宣传，吸引粉丝到微店购买产品。"经典绘本"与用户建立起了信任关系，让其发布的信息承载了多种诉求。可见，信任能够提高信息的承载力，增加单条信息的力量。

在现实生活中，很多人在旅游、购物、寻找美食、下载软件等之前，都会到社交网络上了解相关的信息，以便做出最佳决策，选择物美价廉的宝贝进行下载或购买。这正是因为信息传递了商家的形象，信息使商家与用户之间建立了信任，信息为商家做了信任背书。所以提醒广大企业和创业者，一定要在社交网络中建立信任，专业的互动会让你受益匪浅。专业的互动是建立强大信任的支点，或许用户当时不会转发、回复，但是他们会把你的信息铭记心中，一段时间以后，他们便会追随你畅所欲言，成为你的粉丝。

　　企业若想分享社交红利，都需要经历在社交网络中建立信任的过程。那些已经有了品牌和粉丝的企业，他们与用户之间已然建立起初步的信任。品牌建立在信任的基础上，无信任即无品牌。粉丝对企业动态的追随、收听，正是粉丝信任企业的表现。他们发布的信息往往能够承载更多诉求。对于那些创业者而言，他们需要做的就是发布高质量的信息，大力营销，加快速度建立信任。一旦与用户之间建立了信任关系，并精心呵护这种信任，企业、创业者便会受到用户的拥护与支持。

第六章
打造超强关系链，塑造营销闭环

　　企业、创业者一定要学会打造超强的关系链，学会不遗余力地建设自己的关系链，更要学会利用关系链传递价值。企业、创业者在建设自己的关系链的过程中，不能忽视每个账号背后的力量，要想方设法让自己成为全民意见领袖，从而影响更多的用户，聚拢更多的忠诚粉丝。企业、创业者一旦拥有数量庞大的忠实粉丝，就形成了超强的关系链，就完成了营销闭环的塑造，就能避免用户流失，也就能获得源源不断的社交红利。

关系链是如何形成的

关系链，能让企业、创业者在错综复杂的社交网络中，迅速找到实现社交红利的便捷通道，让企业、创业者在竞争异常激烈的社交红利时代，找到"弯道超车"的机会。关系链，是企业（创业者）与用户不断建立稳定关系的有效途径之一。企业要想在社交红利时代不被淘汰，发展自己的关系链迫在眉睫。

关系链的形成是一个循序渐进的过程，所以企业从建立的那一刻起，就要时时刻刻想着去发展自己的关系链，如此才能在关键时刻从关系链中获利，迅速崛起。企业绝不能抱有"临阵抱佛脚"的投机心态。

关于关系链的形成，企业需要把握两个要点，即关系链形成的三个阶段和关系链形成的三层考虑。

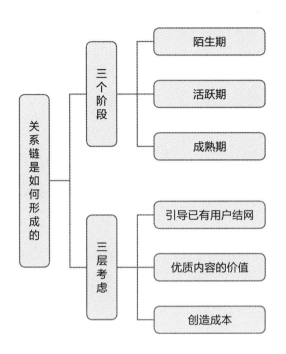

首先是关系链形成的三个阶段。企业在发展关系链的过程中，需要经历一段难熬的时期——没有听众，没有互动，这都是正常的，千万不要灰心丧气，一定要再接再厉。每一个微博大咖、微信大号都是在经历过这个过程后，才从成千上万个普通账号中脱颖而出的。企业和创业者如能坚持下去，也会建立起自己强大的关系链。关系链形成需要经历三个阶段，即陌生期、活跃期、成熟期，具体如下：

第一个阶段，陌生期。用户在陌生期，会遇到没有好友、没有粉丝的烦恼。以微博为例，平台运营方考虑到了这个情况，会在这个时期向你推荐一部分账号，用户根据自己的需要可以精选一些账号加以阅读、收听、互动，进而找到一些新朋友。但是，用户也不能完全依赖于平台，还要主动地去找自己已有的好友，比如邀请自己的QQ好友、同事、亲人等开通微博，可以互相关注、互动，从而在微博上建立起自己初步的关系链，即把好友都收入自己的微博账号中。

第二个阶段，活跃期。经过陌生期，用户不再为没有好友、粉丝而苦恼，不再会遇到打开微博无信息可读、无人可互动的尴尬。进入活跃期，用户常常会遇到两个头疼的问题：一是关系链维护难；二是阅读困惑。由于添加的好友太多，用户的微博上大多是无聊的、无意义的信息，想读到好信息很困难。进入活跃期，用户就要大力发展自己的关系链。此阶段维护关系链是首要任务，用户可以通过好玩的应用和好玩的内容，来让更多的用户留存下来。一旦用户建立起自己的关系链，关系链就会产生保护效应，如果有人在社交网络上攻击你，没等你发现，关系链上的好友就会替你讨回公道；如果你遇到了危机，关系链上的好友也会联起手来帮你渡过危机。

第三个阶段，成熟期。用户在这个阶段，开始主动优化、删除自己不喜欢的账号，增加一些自己喜欢的账号、好友，这说明用户已经成熟。此时用户会主动拓展自己的圈子，增加一些有用、有趣的账号，而自己也会减少信息的发布数量，提高信息的质量。此时用户主要靠提供服务和内容吸引"听众"，以达到维护关系链的目的。

这三个阶段，贯穿于所有社交网络之中，只要用户还在找好友，企业就有机会与用户共处一个圈子之内。企业要想成为用户的好友，要么为其提供有用的服务，要么为其提供有用的内容，这样才能吸引用户，逐渐形成自己的关系链。

其次是关系链形成的三层考虑。无论是企业还是用户，发展自己关系链的目的就是想得到更多新用户，让自己的账号发展成一个"大账号"，从而随时随地帮助企业做营销，或者帮助自己累积社交红利。关系链形成的三层考虑分别是引导已有用户结网、优质内容的价值、创造成本，具体如下：

第一层考虑是引导已有用户结网。一个账号在发展之初，要想获得更多用户的收听、关注，最快的途径就是被官方推荐。此方法虽然可以让账号获得听众，但是在发展的过程中产生了一个严重问题——推荐的听众与账号之间是割裂的。换句话说，就是账号虽然有许多听众，但是好像一盘散沙，无法做到牵一动百的效果，更缺乏互动。出现这种问题的根本原因在于，账号的目标用户定位不准，账号发布的内容无法满足用户的需求。有的账号发展成大账号后，经过一段时间，听众不但不会增加反而会减少，这也是因为账号发布的内容无法满足各种各样的用户的需求。账号在形成关系链的过程中，实现已有的好友转化、已有的用户转化要比实现陌生人转化更容易，而微博、微信账号要想获得大批陌生用户的支持则很困难。所以企业优先采取的措施往往是引导已有用户，逐渐将其转化为自己的粉丝。当已有用户结成一张关系网，企业便可以通过他们的分享、评论，把企业的信息扩散到他们的好友当中，为企业带来更多新的目标用户。当企业账号上的听众达到一定数量时，微博运营方即可主动减少推荐，转而引导企业与自己目标用户结网。如很多商家纷纷在产品上印上自己的微信二维码，鼓励顾客扫描添加自己的微信公众号，这样不仅便于服务用户，更能留住客户，还能实现活跃的互动。

第二层考虑是优质内容的价值。随着社交网络的不断发展，用户对信息内容的要求也越来越高，开始对无聊、无价值的信息视而不见，而是主动寻找有内容、有价值的信息。那些拥有优质内容的信息，往往能吸引更多用户收听、关注，扩散得更远。任何社交网络在发展初期，都会遇到缺乏有用、好玩的内容的难题，很多用户也都在寻找包含有用、好玩内容的账号。账号越早提供有用、好玩的内容，就能越快召集庞大的用户群。比如，微博上的"冷笑话"账号，现在，无论谁做冷笑话内容都很难超越它的用户规模。用户在搜索某类内容的时候，会优先从好友收听、内容质量、互动质量这三方面来选择。特别是在弱关系所结成的社交网络中，专业的内容会让你更快速地赢得用户的信任，获得用户关注。当社交网络发展到一定规模，那些能够满足用户需求的信息、账号、服务的价值，就会显示出来，获得更多的用户点赞。因此，企业、创业人士的信息、账号、服务都要追求优质内容。优质内容的具体表现是，内容独创、新奇、全面且有深度。总之，企业、创业人士的信息、账号、服务要遵循优质内容的原则，因为优质内容的价值显而易见，不仅能留住目标用户，还能推动用户分享，从而吸引新用户关注，并一直循环下去，让企业和创业人士获得源源不断的用户红利。

第三层考虑是创造成本。企业、个人在发展关系链的过程中，要考虑到创造成本。无论是在微博上还是在微信上，企业的账号想创造优质内容并不容易，需要付出大量时间和大量的人力财力，远远高出普通内容的创造成本。比如由自己原创的一条精彩微博，成本就要高出复制粘贴的内容。再如，企业在微博上，一个小团队可以管理几十个账号；而在微信上，企业的一个账号却需要一个团队才能管理好。在大多数情况下，付出与回报总是成正比，耗费成本越高的优质内容，其账号网罗到的用户数量越多，价值也越大，产生的阅读量、点击量、播放量也越多。比如"啪啪"，原创用户的比例很低，但是产生的阅读量、播放量却很大。再如，优质的草根账号、名人账号，他们每一条原创内容的价值都很高，阅读、互动率也极高，令人望尘莫及。

企业、创业人士，在发展关系链的过程中，如果能熟悉这三层考虑，就能让自己的账号快速成为大账号、产生大节点，实现强大的关系链也便指日可待。

谁抢先建立自己强大的关系链，谁就会在一次次竞争中PK掉对手，在社交网络中战无不胜。企业要想在社交网络中获得丰厚的社交红利，发展自己的关系链势在必行，刻不容缓。

关系链如何传递价值

关系链是社交网络的"血液"。信息包含的价值要通过关系链来传递，信息在关系链中流动，它的价值就能放大。如果没有关系链，信息的价值就无法发挥出来。关系链是传递信息价值的桥梁，是实现企业价值传递的高效通道。

关系链传递价值主要有两种方式：第一种是产生海量分享与引爆点；第二种是动作Feeds化。

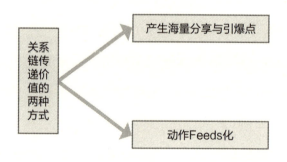

1．产生海量分享与引爆点。很多知名的企业都善于运用已有的

关系链来传递自己的品牌价值、产品价值。他们在传递品牌价值、产品价值的过程中努力实现海量分享，努力促成引爆点，从而让自己的品牌、产品信息成为社交网络中众人关注的焦点，达到获得好口碑，吸引更多用户记住企业品牌、了解企业产品、购买企业产品的目的。当用户购买了企业的产品，关系链也就完成了传递价值的使命。在社交网络中打拼，企业处于适应期、上升期时，要想传递品牌价值，务必要使自己的消息获得海量分享，以便促使自己的信息产生引爆点。

吸引明星、意见领袖参与互动，往往会让信息获得海量的分享并产生引爆点。在微博、微信等社交平台上，我们常常看到，只要是明星发布的消息、回复的信息、转发的信息，往往能获得更多用户的分享。明星在微博上发一条"无病呻吟"的信息，竟也能获得成千上万个用户的转发，获得海量的分享和引爆点，从而使其微博从社交网络中导入流量、用户。Facebook在成长的过程中，就看到了圈子里的意见领袖的影响力，让意见领袖去"拉拢"其他圈子里的意见领袖。只要把某个圈子里的意见领袖"拉拢"过来，这个圈子内的人便会陆续追随过来，从而让信息借助意见领袖的影响力，产生名人效应，获得海量分享、产生引爆点，实现"病毒式"的传播，把企业的品牌价值传递给更多的用户，不断提升品牌的知名度。

"可口可乐"的换包装活动中，巧妙地利用明星微博，实现了海量分享，极大地提升了"可口可乐"的品牌影响力和产品的知名度。

明星黄晓明在微博上发了一个"可口可乐"的新包装图片，图片印着"大咖——黄晓明"，立即吸引来他的粉丝关注、互动。粉丝们问："是不是每一位用户都可以买到属于自己的大咖瓶装？"

　　之后，微博意见领袖、明星们陆续参与了"可口可乐换装活动"话题，吸引了很多用户关注、互动，他们纷纷表示要定制印有自己名字的瓶装，于是可口可乐接下了这批订单。

　　"可口可乐换装活动"正式开始时，首批定制瓶装的用户在社交网络上已经分享了他们的个性瓶装，强劲地宣传了该活动。在社交网络中，定制个性瓶装成为用户讨论的热门话题。可口可乐趁热打铁，在社交网络上公布了22款"昵称瓶"独特海报。第二天，可口可乐推出了更有创意的海报，主题为"一起分享'技术男'的专属快乐！5月29日，与你共同期待"，并与营销大号互动合作，各个大号与自己属性相对应的"昵称瓶"独特的海报建立互动，让"可口可乐换装活动"在无数条关系链中得到了传递，把该活动推向了顶点。

　　"可口可乐"通过换装秀活动，巧妙地利用很多名人、普通用户关系链传递了"可口可乐"的品牌价值。"可口可乐"换包装的消息最早在黄晓明与众多用户的关系链中得到迅速扩散；接下来一些意见领袖、明星们推动围观的用户参与到活动中，让该活动更"接地气"，实现了用户的自创造；当首批用户在社交网络中"晒"出自己的个性瓶装并分享到自己的好友圈后，可口可乐公司觉得时机成熟了，于是正式揭开"可口可乐换装活动"。不仅如此，"可口可乐"还趁热打铁地在各大社交网络中推出22款个性海报，并与意见领袖、名人联手互动，让该活动在意见领袖、名人、明星们的关系链中得到迅速传播。一时间，"可口可乐"成为社交网络的焦点话题，也推动该活动达到了沸点，使可口可乐获得了广泛的影响力，品牌价值也得到了前所未有的传递。

2．动作Feeds化。企业和创业人士要想让自己的信息得到大范围的扩散，快速让自己的网站和应用获得大量的用户、下载次数、订单数，就需要把网站或应用的账号与分享按钮绑定，这样就犹如在自己的网站或应用与社交网络之间安装了许多小管道，让社交网络中的流量、用户源源不断地流向自己的网站或应用。企业发展的过程中，都在努力为自己的网站或应用搭建更多这样的小管道，好让自己的更多信息被用户分享到社交网络中，借助小管道流回更多的流量、用户。这种获取社交红利的方式，动作简单，效果显著，受到了很多人士的关注。于是，业内人士开始研究用户在网站或应用中产生的其他动作，并将这些动作与分享结合起来使用。业内专家将这种做法称为"动作Feeds化"。简单地讲，"动作Feeds化"就是把网站上许多"喜欢""顶""赞""收藏""上传""评论"的主流动作与分享相结合，变成"喜欢并分享""顶并分享""赞并分享""收藏并分享""上传并分享""评论并分享"。企业网站或应用经过"动作Feeds化"，往往会产生超出预期的效果。

优酷是较早把动作与分享相结合的企业。优酷的首席运营官魏明，一直致力于研究如何增加优酷的播放量，后来他与腾讯微博的负责人研讨数次，积极尝试把"赞"与"分享"结合，很快收到了不错的效果。在优酷完成了所有动作与分享的结合之后，每日从微博获得的播放量增加了一倍。

"动作Feeds化"之所以能带来良好的效果，是因为每一种动作与分享结合都可以产生四种结果，即实现用户的自创造、自消费、自扩散、自客服。

第一，自创造。随着用户的个性化需求越来越强，用户参与到企业的研发、生产中已是大势所趋。企业越早激发用户参与到企业的研发、生产中，就能越早获得性价比更高的产品，获得更多用户，进而赢得一批铁杆儿粉丝，自己做大做强便指日可待。

第二，自消费。用户通过阅读自己所需商品的评价信息，就可以做出购买决策，如果大部分为好评，用户看完评论就会做出购买决策，不必再向店家询问产品的质量、售后服务等，直接下单、支付，完成购物。评论分享的信息，能够得到用户的信任，引导用户完成自消费。

第三，自扩散。只要用户能够对信息做出"喜欢并分享""顶并分享""赞并分享""收藏并分享""上传并分享""评论并分享"等动作，该信息就会得到扩散，而这种扩散是用户自己发起的，更能吸引其他用户的关注，赢得其他用户的信任，让信息通过无数条关系链扩散出去。

第四，自客服。如果店家的某一件产品信息已经获得了很多用户的"评论并分享"，而想购买该产品的用户看完评论后对商品的质量还是不信任，那么为了了解产品的真实质量——该用户通常会更加相信自己所认识的已经购买该产品的用户的话，会向自己所认识的已经购买过该商品的用户咨询。已经购买过该产品的热心用户就会帮助有疑问的用户解答问题，也就是说，这位已购买产品的用户相当于在无偿为商家做客服。

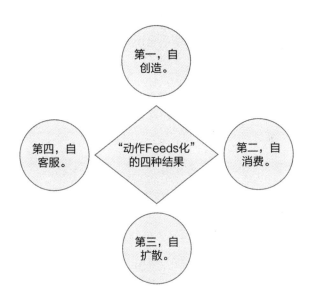

"动作Feeds化"体现了信息强大的扩散力和分享力。比如商家的产品信息，被许多用户点赞并分享，就可以让该信息在用户的关系链中得到扩散，企业可获得口碑红利，同时说明该产品深受用户喜爱，有较好的经济价值。企业某一产品信息的"动作Feeds化"越多，说明产品越成功；反之则需要不断改进。

关系链在社交网络中通过"产生海量分享与引爆点"和"动作Feeds化"这两种方式来传递品牌价值、产品价值，从而让企业越来越有竞争力，越来越强大。

每个账号背后的力量都不容忽视

对于正在发展关系链的用户，社交网络中的每一个账号对他来说都很重要，正是这无数个单一账号汇聚在一起，才产生了强大的关系链。所以，用户绝不能忽视每一个账号背后的力量。

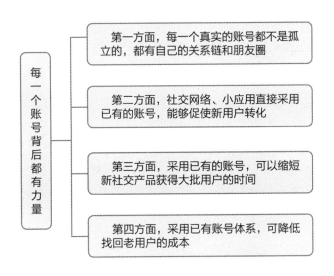

用户在发展自己的关系链的时候，不能只重视大账号而轻视小

账号，要知道大账号都是由多个单一的小账号组成的。每一个账号背后都有力量，其主要表现在以下四个方面：

第一个方面，每一个真实的账号都不是孤立的，都有自己的关系链和朋友圈。当一个已有的账号登录了某一个社交平台、某一款应用，这个账号不是一个简单的ID账号，它还把自己的整个关系链和朋友圈带来了。这些社交平台、应用能带给你的不仅仅是一个用户，还有这个账号的关系链、朋友圈，可以使你迅速掌握用户、用户之间的网络关系，进而建立自己的超强关系链，快速获得成功。社交平台、应用一旦获得超强关系链，就能在社交网络中屹立不倒，获得持续发展。

很多应用之所以直接采用已有的账号（或用第三方账号）登录，正是因为其看到了每个账号背后的力量。一款名叫"啪啪"的移动应用，在登录方式上进行了大胆的创新，其创始人许朝军决定不开发自己专有的账号登录，而是直接采用已有的账号登录。在"啪啪"的首页上，可以一目了然地看到，用户可以通过三种方式登录"啪啪"应用，即腾讯微博、腾讯账号、手机号。"啪啪"应用这个小小的创新，给喜欢该应用的用户们节省了很多时间，使他们可以用自己已有的账号直接进入应用。同时，很多感兴趣的用户还可以用自己的手机号尝试这个应用。那些看到"啪啪"应用推广信息的人也会登录自己的已有账号了解该应用。于是"啪啪"应用推出仅三个月，就发展成为最受用户欢迎的一款移动应用——推出10个月内，就获得了2 000个用户。

　　"啪啪"应用之所以能够迅速获得数量巨大的用户红利，有一个窍门就是看到了每一个账号背后的力量。众所周知，从互联网到移动互联网，几乎每个用户都拥有QQ号、手机号，而且每一个账号都不是孤立的，都有自己的关系链。比如，手机账号上有朋友圈、家人圈、同事圈、生活圈等。只要用户登录自己的手机号，就可以进入自己的社交关系链和朋友圈，把该应用分享给自己关系链中的每一位用户，让这个应用快速获得大量新用户。比如，李先生用自己的微博登录了"啪啪"应用，觉得好玩，将其分享到自己的微博上，被自己微博上的几百个同学、同事看到，从而把"啪啪"应用推送到几百个用户眼前。因为那些同学是在自己的好友圈子里看到信息的，他们往往会选择信任该信息，大部分用户会尝试该应用，从而让"啪啪"应用在用户的关系链上得到迅速扩散。

　　在社交网络的发展过程中，快速获取用户并鼓励用户之间互相关注、收听形成关系链，一直是很多社交网络的一个难以逾越的坎儿。很多应用都鼓励用户之间互相关注或收听，从而形成关系链，但这实现起来很困难。于是有不少社交网络、应用因为难以获得用户，难以实现用户之间"结网"而大批地倒下。即使是腾讯这样的企业，面对新应用获取用户，也会感觉有一定难度。"啪啪"应用，避开了获取用户这一环节，并快速成功。其实，直接采用已有的账号登录对于企业与应用的价值早被业界所共知。新浪微博、腾讯微信都采用这种方式，避开了从头开始获取用户、重新发展关系链的难题，从而在社交网络中迅速崛起，成为今天的两大社交平台。

第二个方面，社交网络、应用直接采用已有的账号，能够提升新用户转化率。QQ账号堪称最大的用户登录体系，许多大中型网站在发展的过程中看到了QQ账号的力量，便把QQ账号登录体系引入了自己网站的登录方式中，结果让这些网站新用户转化率提升了20%~30%。

第三个方面，采用已有的账号，可以缩短新社交产品获得大批用户的时间。一款新的社交产品推出后，直接采用已有的账号体系登录，可以让用户在新产品中快速找到好友，消除陌生感。如果以手机号为登录体系，用户自己用手机登录了该产品，觉得好玩、有趣，他就会把该产品分享给自己通信录上的用户。由于用户与通信录上的用户之间存在着的信任，他们便会阅读用户分享的内容，其中大多数用户还会用自己的手机号尝试登录，了解产品。这样，该用户便可以把自己通信录上的圈子快速搬到该社交产品中，从而缩短了该产品获得大批用户的时间，快速形成关系链。一些App产品在测试的过程中，通过定向邀请好友，常常能获得满意的互动，在短时间内获得数量可观的用户。

第四个方面，采用已有账号体系，可降低找回老用户的成本。现如今，一个应用或社交网络若想找回一个老用户，大都是通过其关系链中的好友不经意间完成的。一条关系链中，某用户不断把社交产品的信息分享到好友圈，就可以吸引离开好久的用户重新回来。当很久不登录社交网络的用户，看到自己的好友在社交网络写了一篇文章并获得了很多评论，看到自己好友经常分享一些来自社交网络的、内容上佳的信息，他便会忍不住打开来看——若内容果真好，他便会更加信赖好友，只要是好友发的信息他几乎都会看。看久了，就会重新"泡"在社交网络中。在过去，一个社交产品要找回老用户，少不了得花一笔钱打广告、搞活动；而现在，社交网络、应用只需要通过一条条信息，便可以找回老用户，这就是利用了每一个账号背后的关系链。

此外，意见领袖是"每个账号背后都有力量"的特例。某一圈子中，意见领袖称"赞"的社交产品，他圈子里的用户大部分都会给该社交产品点赞，如此一来该社交产品就可以快速获得用户——其用户甚至遍布意见领袖的关系链。

在社交网络中，一个账号体系被越多的社交网络、应用采用，越能增强其账号的生命力，越能增强采用其账号的社交平台、社交应用的竞争力。社交网络发展到今天，每个账号背后的力量都已被业界所周知，那些高瞻远瞩的企业家、创业人士都很重视它，并且不断挖掘每个账号背后的力量；而且一些创业人士已然分享到了它所带来的惊喜红利。

成为全民意见领袖，发展忠诚粉丝

意见领袖，就是指一个人对某个特定领域很精通，他在这个领域发表观点、评价某事，总能获得这个领域的大部分人的认同，在这个领域扮演着领袖角色。这个领域的其他人，就是他的粉丝。意见领袖是这个领域的活跃分子，能随时随地对该领域的人施加影响。

企业、创业者要想打造自己的超强关系链，不仅要使自己成为某个圈子的意见领袖，与更多圈子的意见领袖建立好友关系、合作关系，还要努力成为全民意见领袖。如果企业能在社交网络中将自己发展为全民意见领袖，那么企业的信息只要一经发布，就可以迅速扩散，获得许多用户的关注，实现良好的互动效果。要成为全民意见领袖，对于企业、创业人士来说不是一件容易的事情，但也不是一件不可为的事情。最有效的途径就是发展忠诚粉丝。

企业要发展忠诚粉丝，就要努力满足用户的需要。随着经济的发展，用户对产品的需求不仅仅体现在功能层面上，他们还希望在产品中融入自己的情感，即希望参与到企业产品的研发、设计、生产等环节中。小米的"参与感"，满足了很多用户的这种需求，从而获得了一批忠诚粉丝——"米粉"，树立起了"小米"品牌。只要小米手机的信息发布出来，就会通过超强的关系链迅速扩散，吸引许多用户阅读、分享、点击、购买，从而成功实现网络直销。如今，"小米"已经成为中国低价高配手机领域的"全民意见领袖"。

企业主动邀请用户参与产品的研发和设计环节，更容易把普通用户发展成忠诚粉丝。比如某些淘品牌用创新的思维来评估服装设计，不是以大牌设计师的眼光和品位来决定某款服装是否可投入生产，而是以用户需求为准则做出决定，从而发展了一批忠诚粉丝。

提起网络原创服装品牌，爱网购的女士们多会想起淘品牌"七格格"。"七格格"拥有一支强大的设计团队——15位年轻的设计师与1位专职搭配师。"七格格"款式多，每月新款不少于100个。"七格格"店铺内的产品款式更丰富，产品款式多达500个。"七格格"能够快速成功，有一个法宝——它有上万名忠诚粉丝和众多QQ群。

俗话说，尺有所短，寸有所长。尽管有十多位设计师，但是用户的数量更多，每一位用户都有个性化的需求，"众口难调"的情况难以避免。但是，为了满足大部分用户的需求，"七格格"每次上新款的时候，都规定了严格的程序。第一步，将新款服装设计图上传到店铺。第二步，请用户投票评选，邀请用户到QQ群里讨论，选出大多数用户喜欢的款式。第三步，结合用户的建议，修改用户选出来的款式，修改完毕再上传到店铺，经过几轮修改，再决定哪些款式可以生产、上市。于是，"七格格"店铺里的服装很受用户欢迎，在淘品牌女装中销量一直名列前茅。通过这种流程，"七格格"也发展了自己的忠诚粉丝，让"七格格"在淘宝时尚女装界拥有了一席之地。

"七格格"是一家网络原创服装品牌，它之所以能在众多的淘品牌中脱颖而出，就在于它把握用户思维，想方设法满足用户的需求。它最大的特点就是，让用户参与到产品的设计当中，用户的意见直接影响到产品能否生产。那些用户看到衣服的设计中融入了自己的创意，就会毫不犹豫地购买产品，喜欢上"七格格"品牌，包容"七格格"的瑕疵，期待"七格格"的改进，成为"七格格"不折不扣的忠诚粉丝。正是因为拥有了这些忠诚粉丝，"七格格"才能在互联网中迅速崛起，成为时尚的引领者。

企业拥有一定数量的忠诚粉丝，就会在某一领域产生很大的影响力，成为该领域的全民意见领袖，获得流量、用户、品牌、购买等红利。忠诚粉丝的数量达到一定规模后，不仅具有巨大的影响力，更能产生经济效益。在社交网络中，不管你是腰缠万贯的企业家还是平头百姓，只要拥有数量庞大的忠诚粉丝，你就拥有了强大的影响力。那些微博草根大号就是因为拥有了忠诚粉丝，进而在微博上拥有了巨大的影响。微博草根大号们的态度，会迅速传染到其关系链上的每一位忠诚粉丝，最后其忠诚粉丝都会和其保持一致的态度，这足以影响其他用户对事情的态度、决策。比如一个新用户来到其购物分享社区，看到所有用户给某产品的都是差评，即使她很喜欢这个产品，也会果断放弃购买。这说明意见领袖不仅影响着其忠诚粉丝，还会影响许多新用户的态度、行为。

可见，忠诚粉丝一旦集体发力，威力巨大。对于企业来说，忠诚粉丝对品牌、产品注入了自己的情感，即使产品有缺陷，他们也会包容。忠诚粉丝对于企业来说具有保护作用。

俗话说，天下没有免费的午餐。企业要想从忠诚粉丝身上获取利益，就要注重培养粉丝，经常推出活动与粉丝互动，制造话题与粉丝交流，这样才能获得众多的忠诚粉丝，增强自己的影响力。企业拥有忠诚粉丝的数量越多，就越有可能不断地做强做大。

意见领袖深深影响着社交网络，影响着新的关系链形成的进程。企业在发展自己的关系链的过程中，能与某些圈子的意见领袖建立好友关系，就有可能把意见领袖的所有粉丝都拉拢过来，让自己的账号通过快速增加用户而一跃迅速成为大账号。企业的账号与众多的意见领袖建立好友关系，可以快速形成强大的关系链，让企业的信息迅速流动起来，让企业的信息扩散得更广。当企业与众多拥有忠诚粉丝的意见领袖结为好友、建立起合作关系，就相当于给自己发展了多条强大的关系链，企业有效整合这些强大的关系链，就有望打造超强的关系链，让自己成为全民意见领袖。

"水军"不可信

　　有些企业在社交网络中一看到用户给出差评，便无法容忍，想立刻推翻差评用户的评价，于是常常鲁莽地动用网络"水军"的力量。殊不知，企业使用过多的网络"水军"，往往反而会"赔了夫人又折兵"。

　　一家著名的互联网企业A公司，被一位认证用户在社交网络上写了差评。这位认证用户对企业的服务有一点儿不满意，就在微博上气愤地说："这家公司怎么这么差劲！"

　　企业的微博负责人第一时间看到了该信息，仿佛感觉天要塌下来一样，立即上报了此情况，公关部的领导请微博负责人先"处理"一下。在领导定决策之前，微博负责人先用自己的个人账号，语气生硬地回应了该认证用户，但该认证用户半小时内都没有回应工作人员。此时，"这家公司怎么这么差劲！"这条信息却已经被认证用户自己的粉丝和听众转发、热评。这些粉丝和听众在评论的过程中自动分成了两派：一派持支持的态度，并"吐槽"了自己的类似经历，吸引了更多用户关注；一派持中立态度，认为该认证用户言重了。这些粉丝和听众的自发参与互动，让此事在微博上闹得沸沸扬扬。公关部的人如坐针毡，立即向专业的公关公司求助，公关公司采用的办法之一就是动用"水军"账号围攻认证用户，令认证用户被迫屈服、删除信息。于是，"水军"账号发出很多攻击的信息，但并没有收到那位认证用户的任何回应，因为该用户根本就没在线。公关公司发现该认证用户的每一条信息的转发量都有二三百次，公关公司忙活了半小时，却发现那条差评信息的评论数量已经超过了1 500条。

这次危机正在朝A公司最害怕的方向快速发展，该信息传播范围不断扩大，很多信息用户参与了评论，公关公司已经无法掌控事态。A公司这才意识到，用户不信任"水军"，使用"水军"不可取。于是，A公司开始放低姿态与用户协商，询问用户对企业的服务哪里不满意、希望企业如何改进。A公司请求用户删除该差评信息，但是此时，该信息已经被1 000多名用户转发评论。即使A公司此时能删除信息的源头，也已经无法解决该危机了……

在延时互动的论坛时代，"水军"对导入流量的确做出了一定的贡献，但是在全民参与的社交网络时代，"水军"已经没有了生命力。企业若认识不到这一点，就会被"水军"所累。在该案例中，"水军"不但没帮上A公司的忙，反而给A公司的公关危机火上浇油，令危机失控。在微博上，企业想通过人多势众的"水军"来逼迫用户删除信息，变得越来越难。看到该信息的用户，不仅会评论，还会将信息转发到自己的圈子中并编辑原来的内容。于是，企业搜索相关的负面信息时会变得困难重重，企业想删除差评信息也变得异常困难、成本高昂。所以，在社交网络盛行的今天，企业不用"水军"才是明智之举。

企业、名人若在社交网络中遇到公关危机，应该果断放弃"水军"，积极地寻找新的解决办法。很多名人在社交网络上遇到危机时从来都不用"水军"，他们会冷静地思考，机智地应对，最终成功化解危机。从他们应对危机的经验中，我们可以发现，他们使用的办法主要有四种：及时交流沟通、信息公开透明、不转发争论、累积信任。

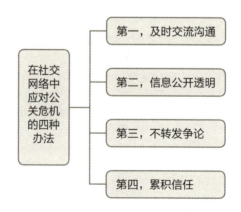

第一，及时交流沟通。俗话说，任何误会都源于沟通的不及时。人们要消除误会，最有效的办法就是及时交流沟通。社交网络中，企业遇到用户的差评，应该第一时间与用户沟通，了解用户对企业不满意的地方。知道了不满意的地方，再按照用户期望的方向改进。企业在与用户交流的过程中，要在自己官方账号或用户的账号上表明自己的态度，发布正确的新消息。如果确实是企业自身的问题，就要勇于承担责任，真诚地致歉、改进。如果用户对企业的服务有误解，一定要简洁明了地告诉大家正确的服务信息。

第二，信息公开透明。企业在社交网络中看到质疑企业的信息时，应立即与发布信息的用户交流对证，立即回答用户的问题并公开正确消息的出处、索取方式，这样可以阻止错误信息继续传播，让企业在社交网络中建立信誉，同时让企业与用户之间的沟通成本降低、信任感增强。

第三，不转发争论。当企业在微博上看到别的用户转发了错误的有关企业的信息，如果选择以转发争论的方式来回复，自己的正确信息由于网络系统对字数的限制，会被新转发的用户删除，导致正确的新信息无法扩散出去，更无法阻止错误的消息蔓延。所以，企业负责人应该发布新信息回应，这样才能让正确的新消息传播出去，快速消除企业的危机。

第四，累积信任。无论是企业账号还是个人账号，在社交网络中，都要力所能及地帮助别人，获得别人的信任，积累用户、听众，结识新朋友。这样，当自己遇到危机的时候，就会得到更多用户的主动帮助，顺利化解危机。

随着企业对社交网络的深入了解，越来越多的企业开始理性认识用户的差评，理性认识"网络水军"，甚至放弃使用"网络水军"。俗话说，群众的眼睛是雪亮的。数量庞大的"水军"，一旦被用户揪出来，就会引起公愤，令企业的危机迅速升级、失控。"水军"无法赢得用户的信任，明智的企业一般不会用"水军"。业内人士更告诫广大企业和创业者："水军"不可信。

具有洞察力的用户，往往能轻而易举地识别出"水军"的身份，当无数用户联合起来搜索"水军"，"水军"就会无处藏身。用户之所以不信任"水军"，是因为"水军"的信息缺乏可信度，"水军"之间无信任关系，"水军"的账号没有信任分数。在社交网络中，无人信任的账号便无价值。

用户在社交网络中对企业品头论足，企业应该庆幸，这说明用户对你还抱有希望，你还有机会把用户变成粉丝，还有机会让用户留存下来，用户把自己不满意的地方指出来，是希望你改进。对于企业来说，最糟糕的莫过于用户不留下一言一语，愤而离去。这样，企业既失去了用户，又不知道什么原因，根本无从改进自己的产品、服务。当然，在社交网络中，没有哪个企业不盼望自己获得用户的好评，为了这个目标，企业需要坚持不懈地发展关系链，不断积累信任，切不可轻信"水军"。

一旦企业获得大多数用户的好评，培养起自己的忠诚粉丝，企业的品牌影响力就会提升，企业的竞争力就会增强，还能获得粉丝的鼎力相助。粉丝会自发地为企业品牌宣传，还会为企业主动招揽新用户，帮企业的其他用户解决问题，充当企业的客服人员。

用好分享键，从分享中淘出巨额利益

在社交网络的各种动作中，分享只是一个简单的动作。企业发出的信息，用户只要阅读了觉得有趣或者有用，便会情不自禁地点击信息右上角的分享键。用户这一简单的分享动作，把该信息推送到了自己关系链上的众多用户眼前，让此信息获得了更多的阅读量。如果这条信息是关于企业品牌的故事或产品的内容，相当于帮助企业免费做了推广，将为企业带来用户、流量、订单等红利。那些及早使用分享键的企业已经从分享中淘到了巨额利润。

众所周知，腾讯与许多游戏开发商分享自己的游戏平台，2014年给开发者带来了将近100亿元的总收入，如果按照三七分成，腾讯通过分享可给自己带来30亿元的巨额收入。可见，企业主动分享自己的资源，可以轻松地为自己带来不菲的收益。基于此，很多成熟的社交网络都愿意把自己的资源拿出来与大家分享。在社交网络蓬勃发展的今天，不仅企业愿意分享，用户也愿意分享自己手中的好内容、好信息。无论是企业还是用户，只要坚持分享自己创造的、发现的好内容，就都有机会获得巨额利益。

用户之间的分享，往往能给企业、商家创造价值。很多用户在购买商品之前，往往会以社交网络上人们分享出来的产品评论作为参考。

有人做过网购产品问卷调查：商家的衣服、鞋包、帽子这类产品，如果用户购买了觉得好，就会分享给自己的好友；如果用户关系链中的好友需要购买此类商品，70%的好友会购买该商品。

也就是说，用户分享的产品，会影响他关系链上70%的好友的购买决策。在购买时，喜欢听取有经验的朋友的意见的用户，分享对他们的影响更大，其中88%的用户会根据好友分享的内容做出购买决策。

网站的用户独立分享次数越多，所获得的点击回流访问次数就越多。不同类型的网站都能从分享中获得巨额收益。其中视频类网站用户1次独立分享到微博的链接，最高可获得30次左右的回流访问，即简单的分享键可为网站带来30倍左右的巨额收益。科技类网站用户1次独立分享到微博的链接，可获得2～3倍的回流访问。其他类网站上的回流访问量不等，但用户独立分享次数与网站获得的点击回流访问次数总成正比。

用户用分享键，可为网站带来长尾效应。研究显示，用户每天分享的次数远远少于回流访问的次数。用户分享出去的微博，往往很长一段时间过后，仍然会有用户来访问，而且数量不少。

用好分享键，可以给信息发布者带来巨大的下载量。"疯狂猜图"这款小游戏，就因设置了分享键，为其带来了巨额收益。

"疯狂猜图"是一款手机小游戏，可以在安卓手机、苹果手机上下载。这是一款简单的游戏，玩的方法就是用户看图然后说出图的名称。游戏也设置了一些关卡，引导用户把游戏分享到自己的关系链中。用户遇到不常见的图，猜不出来，可以用自己赚到的金币来过关，也可以向社交平台中的好友求救。如用户选择向好友求救，需点击图片右侧的蓝色分享键，之后有多个平台可供选择，如QQ邮箱、朋友圈、腾讯微博等，用户可选择分享到微信朋友圈，将"求救，这是什么？"发送出去，等朋友圈的好友给出答案。看到"求救"信息的朋友如果知道答案就会立即告之，使他得以继续游戏。这样，该用户不经意间就把该游戏宣传到了自己的朋友圈，感兴趣的朋友就会在自己的手机上下载并进行该游戏。

这一简单的"分享"键，每天促使30多万名用户主动分享该游戏。经过短短的8个月，该游戏获得了一亿多次的激活下载量。其中，光是在苹果手机平台上就获得了4 000多万名用户。

"疯狂猜图"这款小游戏，设置了分享键，引导用户分享，给该应用带来了巨大的下载量，让该游戏在微博、微信等社交网络中迅速成为热门话题，使其在人们每天的谈论中，迅速成为像开心农场一样火爆的全民游戏。

分享与下载的比例，在不同的关系链中会产生不同的效果。实时在线的强关系链上的用户分享，下载转化率最高；在含有弱关系、追求信息流动的微博上，下载转化率也比较高。

一款无线App提供了自己三天内被分享与下载转化的数据：第一天，分享的次数77 579次。腾讯微博上，其下载转化次数1 620次；微信上，其下载转化次数1 333次。第二天，分享的次数173 465次。腾讯微博上，其下载转化次数3 086次；微信上，其下载转化次数3 203次。第三天，分享的次数149 895次。腾讯微博上，其下载转化次数2 348次；微信上，其下载转化次数3 204次。

此数据不仅说明了分享与下载之间存在的关系，还说明在微博、微信这样实时在线的强关系链中，用户通过分享可以获得较高的下载转化。

社交网络的新应用充满机会，企业或用户用好分享键，可以给自己带来巨大的购买转化。"蘑菇街"吸引用户分享自己的购物经验，每天可获得独立访客近400万人，这些用户转化成购买用户的比例高达6%～8%，平均每天的成交额达300多万元，"蘑菇街"每天从淘宝拿到的佣金高达50万～60万元。为此，马云曾经用2亿元收购"蘑菇街"，但被其创始人陈琪拒绝了。如今，"蘑菇街"的商业模式，被许多企业、创业者效仿，这足以证明"蘑菇街"的分享模式是成功的。

"分享"这一简单的动作，可以给网站、应用带来回流访问、下载转化、购买转化等巨额收益。"分享"已经成为社交红利时代的标签，谁不懂得使用分享键，谁就会成为下一个倒下者；谁能用好分享键，谁就能实现"弯道超车"，有机会获得社交网络中的最大"金矿"。

让每个用户都能从关注中获益

　　微博、微信社交网络的推出，让很多企业可以通过在微博上持续发布企业的信息吸引用户关注，从而提高企业的知名度、宣传产品。企业还可以在微信上有节奏地向用户推送企业、产品的信息，获取目标用户，发展新用户。微博、微信极大地降低了企业的营销成本，也让企业看到了用户对于企业的重要性。但是企业刚刚开通自己的官方微博、微信公众号时，往往会遇到无人收听、无人关注的困境。于是，企业会想方设法来吸引用户关注自己的微博、微信账号。越来越多的企业开始通过各种各样的营销活动来吸引用户关注，让用户有机会从企业营销活动中获益，最终获取用户。很多企业在推出新产品时，会开展关注微博抽奖活动、关注微信送礼活动等。

　　俗话说，"舍不得孩子套不住狼"，企业要想从社交网络中获得巨额收益，就要有一种"舍得"精神，要敢于先付出，然后才能有所收获。有些企业深谙这个道理，在获取用户、发展关系链的过程中，常常开展一些微信关注送礼活动。

瑞星在发展的过程中，就曾开展过微信关注送礼物的活动，让用户有机会通过关注而获得收益。

2015年2月11日，国内知名的杀毒软件公司瑞星联合6家国内知名的互联网公司，举办了一个"微信关注送礼物"的活动。活动的标语是"2015测羊年运程，抢开运好礼"。该活动不设任何门槛，用户只需在活动期间（2月11日—3月5日）关注瑞星官方微信，便可以参加该活动。参加活动的用户都能获得礼物，中奖概率100%。这些礼物，最高的价值为5 000元，总价值超过100万元。

礼物很丰富，有小玩具瑞星萌狮子，有生活用品宋洋美术T恤、瑞星安全卡套、瑞星安全WiFi、卓玛泉水卡，有食品基因派橄榄油、5100矿泉水、诺心蝴蝶酥、诺心雪域牛乳蛋糕，还有健康类石兴凯减肥体验，捷渡D730车载行车记录仪等。瑞星市场部人员表示，该活动举办的初衷是为了感谢用户一年来对瑞星和这6家互联网企业的支持。

瑞星微信关注送礼活动中为用户准备的礼物很丰富，涵盖了衣、食、住、行诸多方面，能满足更多用户的需求。该活动声明凡参与的用户都可以获得礼物，调动了用户的参与热情，无疑能让瑞星的微信公众号快速获得新用户，得到更多用户的关注。

此外，还有电商卖家经常在店铺的页面上推出"关注微信号可获得5元无门槛优惠券"的活动。用户只要用自己的手机扫一下该店家的微信二维码，便可获得小小的收益。

企业举办的有奖活动，会吸引用户关注，往往能获得良好效果。这样的形式之所以效果好，首先是因为简单省时，用户在喝茶、等公交、银行排队等碎片化的时间内就可以搞定。其次是因为用户有收益。成功的有奖活动，往往能让用户从"关注"这样简单的动作中获得收益。

在微博、微信这样的主流社交平台上，不仅商家可以通过低成本投入获得巨额收益，用户也有机会从简单、省时的"关注"中分享到一定的收益。

第七章
互动，让社交更具魅力

互动能够增加用户之间的信任，激励用户不断创造内容，放大信息的作用，加快信息的流动速度，扩大信息的流动范围，让信息产生前所未有的影响力，从而让企业名利双收。

因此，互动在很多企业、创业人士眼中就会更具魅力。

评论、转发、分享，玩的就是互动

互动是社交网络的一个重要特征。社交网络要发展，就要引导用户交流。互动是促进用户之间交流的一种有效方式和动力。用户之间互动的行为很丰富，用户可以做出"顶""赞""收藏""分享""转发""评论"等动作，每一种互动行为，都能推动信息流动。这些动作，有力度大小之分，其中"分享""转发""评论"这些动作的力度比较大，能让信息流动的速度更快、范围更广泛。很多营销活动中，人们都想方设法让用户分享、转发、评论活动信息，往往取得了满意的互动效果。

分享、转发、评论能吸引更多用户参与。互动往往先从熟人开始，当互动发展到一定规模，才会吸引官方账号、名人账号、内容账号、陌生人参与互动。从很多社交网络信息中，可以看到少数人的互动可以激励更多的人参与互动，从而让信息流动到更广泛的人群中。用户在互动中虽然只是做出简单的转发、分享动作，却能让信息在自己的关系链上传播、流动起来。用户在互动中积极评论活动内容，不仅能给别的用户一些参考价值和引导，还能让活动信息带来口碑效应，这无疑能激励更多的用户来参与活动。在社交网络中，有一个现象：越热的内容，互动越活跃；互动越活跃的内容，越容易成为热点话题。很多企业的营销活动，都鼓励用户转发、分享，更期待用户评论。这样做，就是为了激励更多的用户来参与互动，炒热活动，从而让企业的信息传播出去，带来源源不断的流量、用户、品牌、购买等红利。

"澳贝"婴幼玩具在其微信上增加了一个有趣的小游戏"小鸡砸金蛋"，吸引了很多用户参与互动，为其微信公众号聚拢了庞大的目标用户。

"澳贝"婴幼玩具在微信来袭之时，积极利用微信平台，开通了自己的微信公众号和微店，以期获得更多的用户，给其微店带来更多的购买用户。其负责人经过精心筹划，在其微信上植入了一款互动小游戏"小鸡砸金蛋"。

"小鸡砸金蛋"游戏界面有趣，玩法简单，用户可以随意互动。用户来到页面，可以直接砸金蛋抽奖，中奖的可获得现金券，页面会引导你到微店购买可爱的玩具。砸金蛋没有抽到奖的用户，还有机会获得抽奖机会。页面会引导用户将该活动分享给好友或分享到朋友圈，如此用户便可再获得一次抽奖机会。在简单的游戏规则和可获利的双重影响下，首次砸金蛋没有抽到奖的用户，通常会好奇地将活动分享到朋友圈，以赢取抽奖机会，从而把该活动信息传播给了更多的用户；而首次砸金蛋中奖的用户，得到现金券很开心，就想着让自己的好友也能获得利益，于是会主动把活动信息分享到自己的朋友圈。在利益的驱动下，再加上对好友的信任，看到该信息的用户就会很高兴地参与活动……就这样，"澳贝"婴幼玩具微信号获得了许多目标用户，其微店也由此获得了很多订单。

"澳贝"婴幼玩具的抽奖小游戏，通过简单的互动，让用户获得了乐趣和利益，促使用户主动转发该信息，达到了很好的传播效果。

在社交网络中，企业、创业人士举行营销活动时，活动规则越简单，越能让更多的用户参与进来。活动中加入互动环节，能够更好地宣传活动，让品牌得以传播。活动中植入产品，能让产品得到更多的曝光，使目标用户转化成购买用户。

社交网络中的那些好信息，往往会吸引不少用户分享、转发、评论，从而让好信息的价值不断被传递，激励更多的用户参与互动，让好信息成为社交网络的焦点，帮助更多的人。在社交网络中，用户分享、转发、评论都是一种有价值的互动。对于内容中的信息，你主动分享、转发、评论，是对创造者的一种鼓励，可以激励他创造更好的信息。对于一些负面的、消极的信息，用户参与评论，能够纠正制造信息的用户的错误认识，帮助大家树立正确的看法，保持积极的心态。总之，分享、转发、评论这些互动越活跃，它创造的价值就越大。

企业、创业人士要想让自己的活动能吸引更多用户参与互动，就要不遗余力地激发用户进行分享、转发、评论等。当海量的用户参与互动时，就能让活动的信息在社交网络中得到更多的曝光。企业、创业人士就会以小成本换来用户、品牌、订单等大收益。

互动，让信息的生命周期无限延长

互动是社交的重要组成要素，互动能够使信息在关系链中流动起来，使信息在海量信息中的排名不断上升，增强信息传递的持续性，极大程度地延长信息的生命周期。在社交网络中，企业发出的信息，如果得不到用户互动，很快就会从首页上消失，得不到任何用户的浏览，也就没有了意义，失去了生命力。企业发出信息时，若能积极引导用户分享、转发、评论，该信息就会一直在首页显示，被更多进来浏览的用户点击、关注，从而传播企业的品牌、宣传企业的产品，为企业吸引更多的用户。

互动推动着信息的流动。信息一旦被创造出来，就具有了生命力，但不同信息各自产生的效果却相差甚远。这主要是由于信息的生命周期有差别：生命周期长的信息，给企业带来的宣传、转化效果就好；生命周期短的信息，给企业带来的转化效果就差。而决定信息生命周期长短的因素除了信息的质量，还有用户的互动。若信息能够吸引人们产生转发、分享、关注等互动行为，企业便能把信息推送到更多的用户面前，吸引更多的用户互动，不断扩大信息的影响力。可见互动能产生放大效应，让信息在很长时间内仍然能被用户关注。

研究显示，网站、应用回流访问的数据与用户分享信息的数量之间有明显的关系。腾讯与合作伙伴"唱吧"合作中产生的一些数据显示：增加互动，回流访问次数就会增加。"唱吧"与腾讯合作之后，它获得的回流链接有的来自当天分享的信息，有的来自历史信息。其中，历史信息分享带来了至少50%的回流链接。这些历史信息之所以还能为"唱吧"带来巨大的回流链接，具有强大的生命力，是因为这些历史信息还能得到用户的互动。用户的互动，延长了历史信息的生命周期，让它继续发挥着作用。

"唱吧"并没有开发自己的用户登录体系，直接采用QQ账号登录。"唱吧"的用户50%是QQ用户。QQ用户拥有超强的关系链，用户之间有黏度，用户之间的互动更容易进行。于是，"唱吧"与腾讯微博合作举办了线上分享大赛。用户K歌之后，把自己的歌曲分享到腾讯微博。腾讯微博、QQ上具有真实的关系链，吸引了用户的朋友们关注、点赞、评论、分享。因为好玩，很多用户看到自己的好友玩，也进来玩，让"唱吧"获得了大范围的传播，被很多用户知晓。

该活动一经推出，"唱吧"的分享量就增加了，回流访问量也一路飙升。整个活动期间，"唱吧"日均可获得77万的用户回流访问量。由此可见，互动延长了活动信息的生命周期、扩大了信息的传播作用。

分享、转发、评论等互动能让那些有意义、有趣的信息快速地流动，大范围地扩散。那些公益信息在微博等平台上总能获得更多的转发，传播得更快更广，便是这个道理。再如"疯狂猜图"，吸引了很多用户主动分享、转发，从而成为"国民应用"。

这些应用的相关信息，之所以能流动到更多的用户跟前，是因为用户的活跃互动大幅延长了信息的生命周期，增强了信息的生命力，让信息扩散到了更大的范围，获得了更多的用户关注，最终让企业获得了巨大的流量、用户等红利，实现快速发展。

互动时间选择，影响互动效果

在社交网络中，不同性质的网站、应用，与用户互动的时间不同，互动效果大相径庭。这与用户参与社交网络的时间有关系。在社交网络上，用户在不同的时间活跃的程度不同，比如新闻类网站的用户每天活跃时间大致是早上八九点，影视网站的用户每天活跃的时间是午饭后、晚饭后，电商网站的用户每天的活跃时间大多是晚上九点以后，等等。网站在用户活跃时间段开展用户互动活动，就能获得良好的互动效果；反之，互动效果就会较差。

众所周知，大多数用户朝九晚五忙于工作，参与网络社交的时间比较少，下班之后才有比较多的时间参与社交网络。所以，企业若在工作日、工作时段开展社交网络营销活动，互动效果总是不尽如人意。在一次次的失败和尝试中，业内人士发现，在两个时间段与用户互动往往可以获得超出预期的互动效果，即周末和睡前。

企业在周末与用户互动，往往会取得很好的互动效果，这被业内人士称为"周末运营"。"周末运营"的产生，是用户工作周期影响的结果。在北、上、广、深等一线大城市，用户通常周末休息，星期一至星期五上班，每天上午九点到下午五点工作；而且大多数用户，每天早上还要提早一个多小时出发坐公交、地铁，下班也需要一个多小时才能回到住所。工作了一天本来就很疲惫，在拥挤的公交地铁上折腾几个小时，往往身心俱疲，再加上许多用户已习惯在碎片化的时间里看节目，回到家时对娱乐的需求基本降到了最低点。而在二、三线的小城市，用户上班、下班通常各需半小时左右。他们下班回家后还有很多闲暇时间，对娱乐有需求。所以，娱乐性的网站、应用要想在用户每天下班后获得活跃的高峰期，与二、三线城市的用户互动效果会比较好，与一线城市的用户互动效果则较差。

　　优酷发现二、三线城市用户下班后还有娱乐需求，便提早在微信上开展送优惠券活动，下午4点就开始向微信用户发送活动信息。在活动中，有500人来抢100张优惠券，僧多粥少，那些没有抢到优惠券的用户，晚上就可能会自己付费看视频。当天，优酷的活动人员发现，付费点播的用户比前一天增加了50%。掌握二、三线城市的下班娱乐需求，使优酷大幅提高了普通用户转化成付费用户的概率。

　　不同类型的网站和应用，用户互动活跃的高峰时间段不同。业内人士研究发现，新闻资讯类网站，其用户活跃的时间在星期三左右；购物网站，其用户购买商品的高峰期是星期四；休闲娱乐类的应用，其用户分享与回流访问的高峰期是周末。

不同的应用找到了自己的目标用户的活跃时间，就能获得良好的互动效果。首先，企业要观察用户每天的活跃时间。2011年，一款移动应用活跃的高峰期有两个：早上9点和晚上10点。2012年，晚间的高峰逐渐超过了早间的高峰。2013年以来，他们发现晚上10点时用户比任何时段都活跃。原来用户都想以开心的心情入睡，于是在睡前总是寻找一些轻松有趣的内容来看。其次，在活跃时间之前就引导用户预定微博发送的时间，能满足大账号、企业账号想让信息被更多人阅读的需求。比如小应用"微博小保姆"就了解用户活跃的时间，在高峰时段之前便发起活动与用户互动，快速获得了百万个授权用户。

关于互动时段的选择，企业需要利用好周末运营。互联网巨头百度分享活动的数据，在周末的时候达到了高峰期，于是百度在高峰期前夕就开始开展活动，与用户互动：在星期四开展活动，用户活跃与分享次数达到了117万次，并且持续增加，到周末的时候最高；星期一的时候开始减少，并降到了105万次。腾讯微博的用户分享次数也是如此，周末最高，星期一最低。之所以这样，是因为用户在周末休息时有更多的时间来浏览信息、娱乐。

节假日、热点事件中，用户的活跃时间也会表现出明显的规律，出现很明显的活跃高峰期。因此不同的领域要找到属于自己的社交用户的活跃高峰期。

旅游类的网站应用，用户的互动高峰会出现在暑假、"十一"、元旦、春节。在这些时间段中，可以发现，用户的分享量与平时不相上下，而用户的回流访问数量增加很明显。

新闻类网站，排除突发事件，用户阅读的高峰在星期三左右。如果出现热点事件，回流访问的数量就会大幅增加，高峰期会随时出现。有一款新闻App，自热点事件"马航失踪"出现后，它的用户分享量与原来相比并没有明显增加，而用户回流访问量却增加了7倍，这说明热点事件能给网站、应用带来良好的互动效果。

正由于这些规律的存在，企业可以结合自己的特征，制订有效的运营计划，具体步骤如下：

首先，找到自己的分享和回流规律曲线。企业可以在社交网络中找，也可以直接根据自己后台中的数据找到周活跃、年活跃高峰期。

其次，企业在高峰时间到来之前，就要想方设法地优化分享体验，建设完善的分享体系。

最后，企业选择在高峰期开始的时间段发起运营活动。于是，节假日成为很多App开发商举行活动的高峰期。"滴滴打车"应用在2014年春节期间开展活动，使用微信支付打车费，司机一个订单可获5元奖励，乘客每单可优惠5元。活动期间，该应用的用户比活动前的用户增长了一倍，用户数量超过了4 000万。

　　企业掌握了用户互动活跃的时间，便能以更小的成本获得更多用户转化、下载转化、购买转化等。企业选择好用户互动时间，便可获得良好的互动效果。

互动红利，社交营销的五大法则

在社交网络蓬勃发展的今天，社交营销活动能够传播企业的品牌、宣传企业的产品，为企业带来用户、购买等社交红利。正因为如此，企业都很重视社交营销活动，并潜心研究社交营销活动的"玩法"。

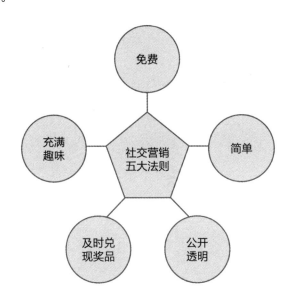

业内人士经过研究发现，成功的社交营销活动具有五大法则，即：免费、简单、公开透明、及时兑现奖品、充满趣味。

第一大法则，免费。企业推出的社交营销活动，不设门槛，只要用户看到就可以参与。很多成功的社交营销活动中，用户不需要消费产品或支付费用就可以参与其中。"免费"让活动变得无门槛，可覆盖的用户群体更广泛。"免费"能让企业的社交营销活动获得更好的传播效果，进而获得更多的目标用户。

第二大法则，简单。社交营销活动的规则一定要简单，便于用户在碎片化的时间内完成。活动最好简单到用户看一眼就会操作、就有答案，这样才会促使用户参与到活动中来，获得快乐或利益，才会激发用户主动将活动分享到自己的圈子，促进信息的流动、活动的推广，企业也才能有机会获得用户、点击、下载、购买等红利。若社交营销活动规则复杂，用户很难有耐心看完，有的用户干脆不看，直接去尝试，结果操作了半天也没有入门，就会放弃。所以，社交营销活动切忌规则多而复杂，越简单效果越好。

优酷曾经举办过很多次社交营销活动，凭借简单的活动规则，实现了品牌传播，获得了很多目标用户。

优酷在发展的过程中，不断通过举办社交营销活动来提高自己在业界的名气，提升自己的品牌知名度。美剧《吸血鬼日记》热播期间，很多影视迷喜欢该剧的男主角伊恩·萨默海尔德（剧中出演达蒙）。于是，优酷就邀请伊恩·萨默海尔德来广州与粉丝互动，举办了"我在广州，我要见Damon"的粉丝见面会活动。为了让更多的粉丝参与活动，优酷为用户准备了100张门票，并专门向广州地区的微信用户发送了活动信息。参与活动的前100名用户每人可以获得一张门票。活动规则是，收到优酷微信信息的用户，只要马上回复，优酷官方账号就会按照时间先后顺序确认，收到确认信息的用户便可凭此信息进入会场。优酷官方发出活动信息后，很快便收到了几百位用户的回复，结果100张门票在短短的几分钟内就被抢完了。这让优酷的官方微信获得了一批目标用户，让优酷品牌在广州得到了传播。

此后，优酷上映的电影《痞子戏子厨子》付费用户比较少，于是优酷又在微信上开展了一次营销活动。优酷在当天下午4点推出"回复微信赢取免费观影券，免费看《痞子戏子厨子》"活动。优酷为用户准备了100张观影券，向微信用户发送了活动信息，用户只要回复"我想看《痞子戏子厨子》"活动，就有机会赢取观影券。优酷官方微信发出信息不到10分钟，就收到了500位用户的回复，100张免费观影券被一抢而空。结果，在接下来几个小时内，优酷院线的付费用户比头一天增加了50%。

优酷深谙社交营销简单法则，在活动中设置极其简单的参与规则，吸引了很多用户互动参与，从而让优酷的官方微博获得了很多目标用户，更让优酷的品牌得到了传播，还实现了良好的购买用户转化。

第三大法则，公开透明。社交营销活动的参与条件、活动规则、获奖规则公开透明，能吸引用户参与。社交网络中产生过很多有奖活动，但结果有些奖励是噱头，这极大地打击了用户参与的积极性。正是因为获奖规则不透明，让主办方有了耍赖的机会。所以现在用户看到了获奖规则不明的活动，就会视而不见。很多用户参与社交营销活动，是想获得利益。在社交营销活动漫天飞的环境中，用户更喜欢那些获奖规则公开透明的活动。所以，企业的社交营销活动，一定要写明具体的奖品、赢取奖品的方式、获得奖品的凭证等，这不仅能避免不必要的误会，还能充分调动用户的参与热情。

第四大法则，及时兑现奖品。当用户达到获奖的标准时，企业若能及时向用户发放奖品，不仅能增加用户对企业的信任，还能激发用户分享奖品的热情，让用户之间产生活跃的互动，这样参与的用户便会主动扩散活动信息，有助于企业的活动更快地传播出去，有助于企业获得更多的参与用户。

第五大法则，充满趣味。社交营销活动，必须有用户参与，这样才能实现企业想要的传播、用户转化等效果。为此，社交营销活动一定要富有趣味性，才能吸引更多的用户参与，激发用户分享，加速社交营销活动信息流动，从而让企业获得更好的传播效果。

总之，企业在社交营销中，运用免费、简单原则，可让活动变得无门槛，便于每一位用户参与活动，让活动覆盖更广泛的用户群；运用公开透明原则、及时兑现奖品原则，便能激发用户的分享热情，激励用户互动，让活动信息流动加速；运用充满趣味的原则，可以吸引用户快速参与活动，实现少数用户互动，从而激发更多用户参与互动。企业在社交营销中熟练地运用这些法则，便能获得丰厚的社交红利。

结　语　谁将是社交红利时代最后的赢家？

在社交红利这场盛宴中，大家都想吃到那块最大最肥美的肉，但是社交红利和其他事物一样，只会钻进少数人的口袋。那么谁将是社交红利时代的大赢家？这个问题每时每刻都刺激着大家的神经，令人们好奇不已、充满期待。

谁都想让天上掉的馅饼砸到自己的脑袋上，但这只是一个美好的愿望。谁都想让自己成为社交红利时代的大赢家，但若只想不行动，一切终会化为泡影。而即使那些行动起来的人，也不一定能梦想成真。正所谓，谋事在人，成事在天。事情的成功，除了不断的努力，还需要天时地利，需要好的时机。做事情要抓住时机，找对方向，瞄准目标。从许多鲜活的事例中发现预兆、端倪，从而看到社交网络的发展趋势。谁能洞察到时代的发展趋势，谁就会赢在起跑线上。

许多靠成功的社交营销迅速崛起的企业，或者与娱乐有关，或者与分享有关，但都具有社交属性。或许他们早就洞察到这是一个"娱乐至死、社交万岁、分享无敌"的时代。企业营销发展的一大趋势就是即时互动的社会化媒体。谁能积极利用微博、微信、QQ空间等热门社交网络，谁就会抢先一步获得更多用户，分享更多社交资源，实现快速发展，甚至迅速强大起来。

在社交网络中，企业莫不想让用户来讨论自己。用户讨论企业，企业可以获得品牌、流量、用户等红利。用户之间活跃地讨论企业相关话题，企业成功、做大做强的目标就指日可待。纵观那些脱颖而出的企业、迅速走红的应用，莫不巧用社交网络资源，从而迅速成为社交网络的明星企业、明星应用。小米科技的迅速崛起，已成为互联网界的传奇，成为许多创业团队的楷模；"飞机大战"小应用迅速走红，见证了社交的力量；"美丽说"的超强吸金力，展现了分享的魅力。从另一方面可以发现，社交网络，极大地缩短了企业成功的时间；高度整合了资源，让企业以小成本获得丰厚的收益；高度优化了产业结构，拓展了企业的利润空间，让企业在微利时代，得到了游刃有余的发展；让企业免费获得了有关产品的建议，助其不断优化产品，满足更多用户的需求；让用户获得性比价更高的产品、服务，让企业获得了更好的设计、方案、建议，从而实现了企业与用户的共赢。社交网络肥了企业，利了用户，其蓬勃发展是大势所趋。

社交红利时代的赢家，将出自能够玩转社交网络、积极利用社交网络资源的企业和创业人士中。在这些企业和创业人士中，谁更会与用户互动，更懂得分享，谁就更有可能获得丰厚的社交红利；谁能赢得更多用户"点赞"，谁就能快速提升品牌形象，迅速强大起来。当你像小米科技一样愿意与用户互动，像会说话的照片"啪啪"应用那样激励用户分享，白花花的银子就会成为你的囊中之物，下一个"社交网络富豪"的桂冠将非你莫属。